Where We Are in Place and Time

시간과 공간 속의 우리

처음 시작하는 IB 수업 ②

Where We Are in Place and Time
시간과 공간 속의 우리

시간과 공간 속에서 발견하는 우리의 이야기와 역사

김선 지음

혜화동

Table of contents 차례

	서문	006
1장	달력은 왜 생겼을까요? 시간과 사회	008
2장	조상들의 하루는 어땠을까요? 과거와 현재의 비교	028
3장	지도는 무엇을 말해 줄까요? 공간의 이해	044
4장	우리 동네는 어떻게 변해 왔을까요? 변화와 연속성	060
5장	내 가족은 어디에서 왔을까요? 정체성과 이주	074

6장 우리는 어떻게 이야기를 남길까요? 094
기록과 기억

7장 세계의 옛 문명은 어떤 모습이었을까요? 114
문명의 발전

8장 전통과 현재, 무엇이 같고 다를까요? 140
문화의 지속과 변화

9장 시간 여행을 떠나요! 160
탐구와 표현

서문
시간과 공간을 탐구하는 여정

"옛날 사람들은 어떻게 살았을까?"

"우리 동네는 언제부터 이렇게 변했을까?"

이 책은 시간과 공간을 넘어 인류의 발자취를 탐구하는 통합적 탐구서입니다. IB PYP의 '시간과 공간 속의 우리' 주제를 한국의 사회, 수학, 미술 교과와 연결해, 학생들이 역사적 사고력과 공간 인식 능력을 키우도록 설계되었습니다.

1장
달력은 왜 생겼을까요?

시간과 사회

중심 개념

시간
(Time)

관련 개념

사회 조직
(Social Organization)
관찰(Observation)

사고 개념

연결(Connection)
기능(Function)

연계 교과

- 수학: 시계 보기와 시간 단위 이해하기・하루와 한 달, 1년의 규칙 알기
- 사회: 옛사람들의 시간 기록 방법 배우기・달력을 통해 생활과 약속을 연결하는 법 배우기
- 과학: 지구·달·태양의 움직임 이해하기・자연 현상이 시간의 기준이 되는 것 이해하기

탐구 질문

❖ 달력은 어떻게 사람들을 협력할 수 있게 했을까요?

❖ 시간의 기록이 없었다면 우리 사회는 어떻게 달라졌을까요?

교과서 속

연결 이야기

　우리가 매일 쓰는 달력은 사실 자연과 사람들의 생활이 함께 만든 약속이에요.

　수학 시간에는 하루, 한 주, 한 달, 1년 같은 시간 단위를 배우고 달력 속 규칙을 찾아요. 단순히 날짜를 세는 것이 아니라, 시간의 흐름과 생활 패턴을 이해하는 법을 배우는 거예요.

사회 시간에는 옛사람들이 태양과 달의 움직임을 살펴 농사 시기와 축제를 정했던 방법을 배워요. 달력은 공동체가 함께 움직일 수 있도록 도와주는 중요한 사회적 장치였지요.

과학 시간에는 지구가 태양을 돌고 달이 지구를 도는 움직임이 어떻게 하루, 계절, 1년을 만들어 내는지를 배워요. 우리가 지금 쓰는 달력도 결국 이런 자연의 변화를 바탕으로 만들어진 거예요.

그래서 달력은 단순히 날짜를 적어 두는 도구가 아니라, 자연의 질서와 사람들의 약속을 함께 담아낸 지혜로운 시간의 지도랍니다.

달력 너머의 시간 이야기

"엄마! 오늘은 며칠이에요?"

일요일 아침, 준호는 소파 위에서 달력을 꺼내 들었습니다.

"음, 오늘은 3월 10일, 일요일이지."

"근데 왜 3월 10일이지? 날짜는 어떻게 만들어진 거예요?"

"아주 좋은 질문이구나. 달력은 아주 오래전부터 사람들이 만들고 사용했단다. 근처 도서관에서 시간에 관한 전시회를 하던데 가서 보면 도움이 될거야."

그날 오후, 준호는 친구 수아와 함께 동네 도서관에서 '시간과 사회' 전시회를 구경했습니다. 거기서 아주 특별한 체험을 하게 되었어요.

오래된 시간의 약속

전시장 안에는 커다란 고대 이집트의 벽화가 있었습니다.

"이건 태양의 위치로 계절을 계산한 달력이야." 도슨트 선생님께서 설명하셨어요.

"사람들은 씨를 뿌리기 좋은 시기를 알고 싶어 했단다. 그래서 하늘을 관찰하고, 해가 언제 뜨고 지는지를 기록했지."

"우와! 그러니까 농사 때문에 달력이 생긴 거예요?"

수아가 물었어요.

"맞아. 농사, 축제, 생일, 약속… 사람들은 '언제' 해야 할 일을 기억하고 나누기 위해 달력을 만들었단다."

숫자 속의 규칙

준호는 수학 시간에 배운 숫자 세는 법을 떠올렸어요.

"선생님, 한 달은 왜 30일이나 31일이에요? 어떤 달은 28일이기도 하구요!"

"좋은 질문이야. 그것도 사람들이 하늘을 보고 만든 규칙이야. **지구가 해를 한 바퀴 도는 데 약 365일이 걸리고, 달이 지구를 도는 주기는 약 29.5일이야.** 그걸 적절히 나누려다 보니 지금처럼 월마다 일수가 달라졌단다."

준호는 노트에 숫자를 적어 보기 시작했어요.

```
지구의 공전 주기 ≈ 365.25일
한 달의 평균 길이 ≈ 30일
1년 = 12달, 약 52주
```

"수학도 시간과 관련 있네요!" 준호가 말했어요.

다른 달력들

전시장에는 세계 여러 나라의 달력도 전시되어 있었어요.

"중국에서는 음력으로 설날을 보내요."

"이슬람 달력은 태양이 아니라 달의 움직임을 따르죠."

"우리나라도 예전엔 24절기를 달력처럼 썼어요."

준호는 깨달았어요.

"달력은 시간이 아니라 '사람들의 삶'을 담은 거구나!"

❖ 탐색 질문

- 왜 사람들은 시간을 정리하려 했을까요?
- 달력은 어떤 사회적 필요에서 생겨났을까요?
- 오늘날 우리는 어떻게 시간을 계획하고 약속하나요?

개념 이해

왜 해마다 달력이 조금씩 다를까요?

우리는 매년 새 달력을 사요. 그런데 어떤 해에는 2월이 28일이고, 어떤 해에는 2월 29일도 있어요. 설날은 어떤 해엔 1월에, 또 어떤 해엔 2월에 오기도 해요.

"왜 달력은 해마다 같지 않을까?"

그 답은 하늘의 움직임과 사람들이 함께 정한 시간의 약속 속에 있어요!

과학 이야기: 해와 달이 시간의 기준이 돼요!

옛날에는 시계가 없었어요. 그래서 사람들은 해가 뜨고 지는 시간이나 달의 모양 변화를 보며 하루, 한 달, 계절을 알았어요.

그런데 왜 사람들은 해와 달을 기준으로 삼았을까요? 그 이유는 해와 달은 매일 변하지 않고 규칙적으로 움직이기 때문에, 시간을 재기 아주 좋은 기준이 되었어요! 매일 해가 뜨고, 달이 모양을 바꾸는 것은 자연이 알려주는 '시계' 같은 거예요.

이 모든 것은 모두 지구, 태양, 달의 움직임과 관련이 있어요.

- 지구는 태양을 한 바퀴 도는 데 약 365일 + 6시간(0.25일)이 걸려요.
- 달은 지구를 한 바퀴 도는 데 약 29.5일이 걸려요.

그래서 예전 사람들은 달이 모양을 바꾸는 것을 기준 삼아 한 달을 만들었어요. 하지만 이 계산대로 하면 1년이 약 354일밖에 안 돼요! 태양 기준보다 11일 짧은 거예요.

이렇게 되면 시간이 갈수록 계절과 달력이 어긋나게 되죠.

수학 이야기: 달력을 수학적으로 조정해요!

사람들은 이런 자연의 움직임을 계산해서 정확한 달력을 만들기 시작했어요. 이런 조정을 하지 않으면, 계절과 달이 점점 엇갈리게 돼요.

 태양력(우리가 주로 쓰는 달력)

- 기준: 태양
- 1년: 약 365.25일
- 그런데 0.25일은 해마다 쌓이니까
  → 4년에 하루가 남아요!
- 그래서 4년에 한 번, 2월 29일을 넣어요.
  → 이것이 윤년이에요!

태음태양력(설날, 추석 같은 전통 명절 날짜를 정하는 달력)

- 기준: 달과 태양
- 1년: 약 354~355일(윤달이 있을 때는 더 길어져요)
- 태양력보다 해마다 약 11일 짧아요. 조정을 안 하면 계절과 달이 엇갈려요.
- 그래서 2~3년에 한 번 윤달이라는 한 달을 더 넣어 계절과 맞춰요.

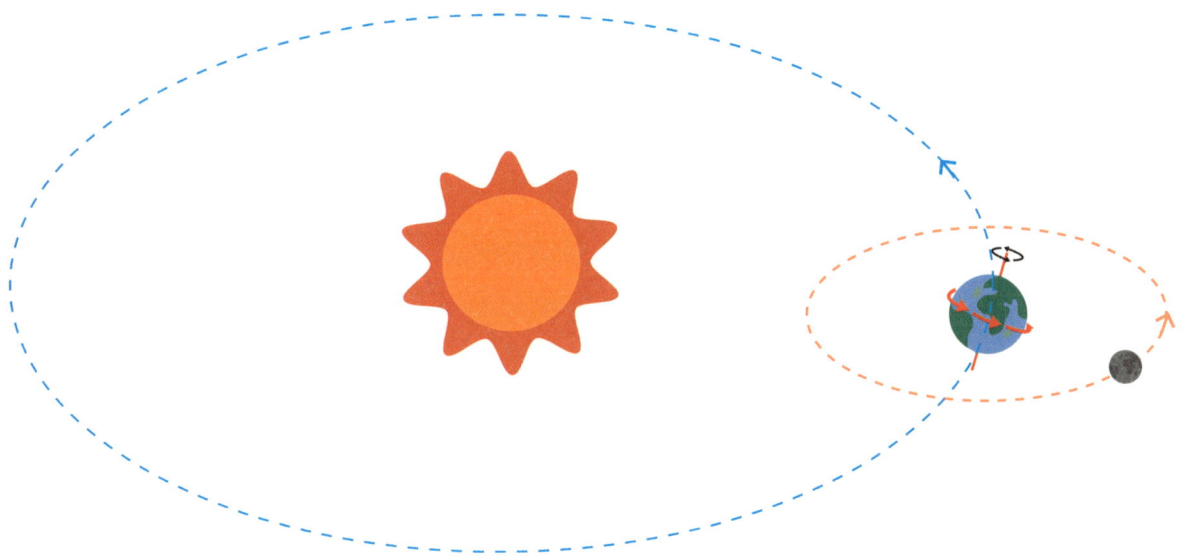

사회 이야기: 시간은 모두의 약속이에요

시간은 자연에서 오지만, 달력은 사회의 약속이에요. 병원 예약, 학교 시험일, 친구 생일 파티… 전부 달력의 날짜로 정해요. 그런데 사람들이 각자 다른 달력을 쓰면 어떻게 될까요?

> **예**
>
> 태양력 마을은 5월 1일에 축제를 하기로 했어요. 태음태양력 마을은 같은 날이 4월 20일이에요. 날짜가 다르니까 함께 축제를 열 수 없게 돼요! 그래서 사람들은 모두 함께 쓸 수 있는 달력을 만들기로 약속했어요.

정리해 볼까요?

구분	태양력	태음태양력
기준 천체	태양	달과 태양
1년 길이	약 365.25일	약 354일
조정 방법	4년에 한 번 윤년 (2월 29일)	2~3년에 한 번 윤달 추가
사용 예시	학교 수업, 양력 생일	설날, 추석, 음력 생일

시간 여행자 수첩 & 달력 실험실

1. 시간 여행자 수첩 만들기

상상 속 시간 여행자가 되어 과거 또는 미래의 달력을 기록해 보아요.

❖ 활동 방법

1. 나만의 시간 여행 이름 정하기

　(예 "달력탐험가 지민", "윤달을 찾는 여행자 수연")

2. 여행 장소와 시대 선택하기

- 고대 이집트(해의 움직임을 기준으로 시간 측정)
- 조선 시대(음력 중심의 생활)
- 미래의 3000년(계절이 바뀐 새로운 달력 상상하기)

3. 여행 일지 쓰기 & 그리기

- 그 시대의 달력은 어떤 모습일까?
- 사람들이 어떻게 시간을 약속하고 있었을까?
- 윤년이나 윤달은 있었을까, 어떻게 해결했을까?

4. 창의적인 그림 + 글로 꾸미기

- 자신이 상상한 달력을 그림으로 표현해 보세요.
- 만화나 엽서처럼 꾸며도 재미있어요!

2. 달력 실험실 - 나만의 시간 단위 정하기

시간의 단위를 내 마음대로 정해 보고, 새로운 달력을 만들어 보아요.

❖ 활동 방법

1. 새로운 기준 정하기

- "하루는 밥을 세 번 먹는 시간으로 정해요."
- "한 달은 좋아하는 책을 2권 다 읽는 시간이에요."
- "일 년은 내가 가장 좋아하는 계절이 다시 올 때까지예요."

2. 나만의 달력 설계하기

- 일주일, 한 달, 일 년을 어떻게 나눌지 정해요.
- 날짜 이름도 새롭게 지어 보세요.

  (예) 햇살요일, 별요일, 책읽는달, 노는달 등)

3. 그림 + 간단한 설명 포스터 만들기

- '이 달력을 쓰면 이런 점이 좋아요!'
- 실제 시간과 다른 점은 무엇인가요?

4. 친구들과 비교하며 감상하기

서로의 기준이 얼마나 다른지 이야기 나눠 보아요.

탐구 이야기
태양과 달의 약속

아주 먼 옛날, 사람들은 하늘을 보며 계절의 흐름과 날짜를 짐작하곤 했어요. 시계도, 달력도 없던 시절이었지요.

사람들은 해가 언제 뜨고 언제 지는지를 보며 하루의 흐름을 알았고, 낮이 점점 길어지거나 짧아지는 것을 통해 계절이 바뀌는 것을 느꼈어요. 해가 가장 높이 뜨는 날이면 여름의 한가운데, 해가 가장 낮게 뜨는 날이면 겨울이 깊어졌다는 신호가 되었지요.

또한 밤하늘의 달은 매우 중요한 역할을 했지요. 달은 일정한 주기로 둥글어졌다가 다시 가늘어지기를 반복했어요. 그 모습을 따라 사람들은 한 달이 지났는지를 가늠했어요. "오늘은 보름달이 떴으니, 조만간 물이 가장 많이 차오를 거야." 바닷가 마을에 사는 사람들은 달을 보며 배를 언제 띄울지 결정하기도 했지요.

이처럼 하늘의 움직임을 기록하며, 사람들은 점점 체계적인 달력을 만들어 나가기 시작했어요. 해의 움직임을 기준으로 만든 달력이 '양력', 달의 주기를 기준으로 만든 달력이 '음력'이에요. 음력은 달의 모양을 기준으로 날짜를 세기 때문에 명절이나 전통 행사에 많이 쓰였고, 양력은 계절을 정확히 알려 주기 때문에 오늘날 우리 생활의 기준이 되었지요. 그 후 사람들은 계절을 더 잘 나누기 위해 24절기라는 기준을 세웠어요. 봄, 여름, 가을, 겨울을 각각 여섯 부분으로 나누어, 농사 시기나 중요한 절기를 미리 알 수 있게 했어요. 입춘, 춘분, 망종, 처서, 대설 같은 절기 이름들은 지금도 우리의 달력 속에 남아 있어요.

☀ 해는 계절의 길을 안내하고,

🌙 달은 날짜의 흐름을 알려 주는 친구였지요.

옛사람들은 하늘을 스승 삼아 시간의 질서를 배워 갔고, 오늘날 우리는 그 지혜를 담은 달력 덕분에 하루하루를 계획하며 살아가고 있답니다.

2장
조상들의 하루는 어땠을까요?

과거와 현재의 비교

중심 개념
생활
(Daily Life)

관련 개념
과거와 현재
(Past and Present)
역사(History)

사고 개념
관점(Perspective)
변화(Change)

연계 교과

- 사회: 옛사람들이 해와 달의 움직임에 맞춰 하루와 계절을 나누며 살아간 방식을 배우기
- 도덕: 조상들의 하루 속에서 효도, 우애, 절제와 같은 삶의 가치를 익히기
- 국어: 과거와 현재의 생활을 비교하여 글이나 발표로 표현하며 오늘의 나를 돌아보기

탐구 질문

❖ 100년 전 어린이와 나의 일상 중 가장 큰 차이는 무엇일까요?

❖ 편리함이 항상 좋은 것일까요?

교과서 속

연결 이야기

조상들의 하루를 살펴보면 단순한 생활 모습뿐 아니라, 그 속에 담긴 가치와 태도를 발견할 수 있어요.

사회 시간에는 옛사람들이 해와 달의 움직임에 맞추어 하루를 나누고, 계절에 따라 일과를 조절했던 모습을 배워요. 시계나 스마트폰이 없던 시절, 사람들은 자연을 기준 삼아 생활을 꾸려나갔지요.

도덕 시간에는 조상들의 하루 속에서 효도와 우애, 어른 공경, 절제와 근면 같은 삶의 태도를 찾을 수 있어요. 함께 밥을 먹고, 함께 일하며, 서로를 배려했던 생활 모습은 오늘날 우리에게도 여전히 중요한 가치랍니다.

국어 시간에는 옛날과 지금의 생활을 비교해 글이나 발표로 표현해 보면서, 나의 경험을 돌아보고 생활 속에서 어떤 가치를 이어가야 할지 생각해 보게 돼요.

그래서 조상들의 하루를 배우는 것은 과거의 생활을 단순히 아는 것이 아니라, 오늘 우리가 지켜야 할 태도와 가치를 발견하고 더 나은 하루를 만들어 가는 힘을 길러 주는 일이에요.

시계 없이 살던 시절은 어땠을까?

"아빠, 옛날에는 핸드폰도 없었죠?"

"그럼, 아빠 어릴 때만 해도 집 전화로만 통화했단다."

"그럼 더 옛날엔요? 조선 시대엔요?"

진아는 역사책을 보다가 문득 궁금해졌어요.

'옛날 사람들은 하루를 어떻게 살았을까?'

더 자세히 알고 싶어진 진아는 도서관으로 향했어요.

그리고 『조선 시대 사람들의 하루』라는 제목이 붙은 책을 펼쳤는데, 그 안에는 오래된 일기장의 내용이 담겨 있었어요.

진아는 조심스레 페이지를 넘기며 조선 시대 어느 할아버지의 일상을 읽어 내려갔어요.

거기에는 이렇게 적혀 있었어요.

> "해가 동쪽에서 떠오르면 아침밥을 먹고,
> 논밭에 나가 김을 매었네.
> 정오가 되어 해가 머리 위에 오르면 점심을 먹고,
> 해가 지기 전까지 일을 마쳤네.
> 해가 지면 물을 데워 씻고, 별빛 아래 잠이 들었네."

진아는 깜짝 놀랐어요.

"어? 시계 없이도 하루를 나눠서 살았네!"

옛날 사람들은 해의 움직임을 보고 시간을 알았고, 계절의 변화에 따라 일하는 방법도 달랐대요.

일상의 모습, 이렇게 달라졌어요!

진아는 과제를 위해 '과거와 현재의 일상 비교표'를 만들었어요.

생활 항목	옛날 조상들의 일상	오늘날 우리의 일상
시간 확인	해, 닭 울음, 물시계, 해시계 등	스마트폰, 디지털시계
아침 준비	해 뜨면 일어남, 장작불로 밥 짓기	알람 듣고 기상, 전기밥솥 사용
일하는 모습	들판에서 농사, 장터에서 물건 팔기	회사에서 컴퓨터로 일하기, 온라인 쇼핑몰 운영
저녁 생활	기름등, 달빛 아래에서 대화	TV, 스마트폰, 전등 아래 가족 시간
휴식과 배움	자연과 놀기, 서당에서 글 배우기	놀이터에서 놀기, 게임, 학교 수업, 온라인 강의 등

"옛날 사람들은 자연과 함께 살았네."

"지금은 기계와 함께 살아요."

진아는 둘의 공통점도 찾았어요.

"그래도 옛날에도 지금도, 가족끼리 밥 먹고 이야기하는 것은 똑같아요!"

도덕 시간의 생각 나누기

진아는 도덕 시간 발표를 준비했어요.

"옛날엔 물을 아끼고, 음식을 나눠 먹고, 어른을 공경했어요. 지금 우리는 어떤 생활 습관을 갖고 있을까요?"

진아는 친구들과 함께 아래 질문에 관해 이야기 나누었어요.

- 조상들의 생활 속에서 배울 점은 무엇일까요?
- 지금 우리가 더 소중히 여겨야 할 것은 무엇일까요?
- 기술이 좋아졌다고 해서, 더 좋은 삶일까요?

개념 확장

조상들의 일상 속 '옷'의 의미
- 철릭과 유니폼 이야기

조선 시대 사람들에게 옷은 어떤 의미였을까요? 그들에게서 옷의 의미를 찾아보기 위해서는 그들의 일상을 들여다보아야 해요.

조선 시대 사람들에게 옷은 단지 몸을 가리기 위한 것이 아니었어요. 그들이 어떻게 일상을 살아가는지를 보여 주는 ==사회의 약속이자 자기표현==이었거든요. 고려 시대 중엽 몽골의 영향으로 입기 시작했던 철릭은 조선 시대부터는 사람의 신분과 직업, 나이와 성별에 따라 다르게 입게 되었어요.

조선 시대 사람들은 어떤 옷을 입고 하루를 보냈을까요?

- 양반 남성은 아침에 일어나 집안일을 돌보거나 손님을 맞을 때 주로 도포를 입었어요. 철릭은 주로 무관이나 활동적인 일을 할 때 입던 옷이었지요. 외출할 때는 도포를 걸쳐 자신을 단정히 보이게 했어요.

- 학생들(유생)은 책상 앞에 앉아 글을 읽을 때 주로 흰색이나 청색의 도포를 입었어요. 검은 망건이나 유건과 도포를 착용해 머리를 단정히 하고, 겉옷의 색과 의례적 의미로 배움에 대한 마음을 상징했지요.

- 여성들은 나이와 신분에 따라 옷차림이 달랐어요. 성인이 된 여성은 머리를 단정하게 틀고 쓰개치마를 쓰며 몸가짐을 조심했어요. 사람들 앞에서는 말과 행동에 신경을 쓰고, 예의 바르게 하루를 보내는 것이 중요했지요.

- 평민들은 삼베나 무명 같은 천으로 만든 옷을 입고 들판에서 일했어요. 흰색 계열의 옷은 소박한 하루를 보여 주는 색이었어요.

- 무관들은 아침 훈련이나 전투를 준비하면서, 철릭 위에 갑옷을 입고 강한 움직임에 대비했지요.

이처럼 옷은 그 사람의 일상과 마음가짐, 사회적 역할을 보여 주는 생활의 일부였어요.

오늘날 우리 일상에서 '옷'은 어떤 역할을 할까요?

오늘날 우리는 상황에 맞게 자유롭게 옷을 골라 입으며 생활하고 있어요. 학생이나 일부 직장인들은 교복과 유니폼을 입어야 하는 경우도 있지요.

그렇다면 옷에 따라 우리의 마음가짐은 어떻게 달라질까요?

- 교복을 입으면 '나는 학생이다'라는 마음 가짐이 들어요.
- 민지는 체육 시간에 체육복을 입고 운동장으로 나가요. 옷이 바뀌면 행동도 바뀌는 느낌이 들지요.
- 유니폼을 입으면 같은 옷을 입은 사람들과 일체감이 들고, 그룹과의 연대감이 강화되며 소속감을 느낄 수 있어요.

시대가 달라도 일상을 대하는 마음은 이어져요

조선 시대의 철릭과 오늘날의 교복은 모양은 다르지만, 입는 순간 마음가짐을 단정히 하고 자세를 흐트러지지 않게 해 준다는 점에서 같은 의미가 있어요. 이처럼 옷은 늘 사회 속 나의 위치와 오늘 내가 해야 할 역할을 깨닫게 해 준답니다.

그래서 조상들의 일상을 들여다보고 싶다면 그들이 어떤 때, 어떤 옷을 입고 있었는지를 살펴본다면 그들의 일상을 더 깊이 이해할 수 있어요.

확장 활동

이전 세대 사람들의 일상, 나의 태도

1. "이전 세대 인터뷰 – 마음을 물어보는 시간 여행자"

❖ **활동 목표**

조부모님이나 부모님의 어린 시절의 일상을 직접 인터뷰하며, 그들의 생활 속에 담긴 가치관과 삶의 태도(근면, 예절, 책임감, 가족 중심 등)를 발견하고 오늘의 나와 이어지는 삶의 지혜를 생각해 본다.

❖ **활동 방법**

1. 사전 준비

인터뷰할 질문을 만들어요.

> 예
> - 어렸을 때는 몇 시에 일어났어요?
> - 하루 중 가장 중요하게 여겼던 일은 무엇이었어요?
> - 공부나 집안일을 할 때 어떤 마음으로 했나요?
> - 어른들에 대한 예의범절은 누구에게, 어떻게 배웠나요?
> - 그 시절 가장 기억에 남는 태도나 가치는 무엇인가요?

2. 인터뷰 진행

가족과 직접 만나거나 전화·영상통화로 질문하고, 상대의 느낌과 감정, 태도에 집중해 받아써요.

3. 글로 표현하기

> 예
> - "할머니의 하루 중 내가 가장 인상 깊었던 점은….”
> - "나는 할아버지처럼 ○○한 마음으로 하루를 살아 보고 싶어요.”
> - "예전에는 ○○가 당연했다는 말을 듣고, 나도 오늘은 ○○을 실천해 봤어요.”

4. 확장 활동(선택)

인터뷰 내용을 친구들 앞에서 발표하고, 그 내용을 짧은 감동 카드나 '삶의 지혜 명언' 카드로 꾸며 봐요.

> (예)
>
> 매일 새벽 5시에 일어나 물을 길으셨던 할머니는 이렇게 말씀하셨어요. "가장 먼저 일어난 사람은 집안의 마음을 여는 사람이란다."

2. 100년 후 아이에게 보내는 편지 – '내 일상을 전해요'

❖ 활동 목표

옛사람들이 남긴 일상의 모습처럼, 지금을 살아가는 나의 일상에도 다음 세대에 전할 만한 가치가 있을 수 있다는 점을 깨닫고 미래에 전하고 싶은 삶의 태도를 글로 표현해 본다.

❖ 활동 방법

1. 상상하기

"100년 뒤에도 아이들이 나처럼 학교에 다닐까요?"

"그들은 나의 일상을 보고 무엇을 느낄까요?"

"조상들의 삶을 배우며 내가 느낀 감정은 어떤 것이었나요?"

2. 편지 쓰기

- 미래의 한 아이에게 나의 일상을 소개하고, 그 일상에 담긴 가치나 좋은 습관을 전해요.
- 나의 하루가 단지 반복되는 일상이 아니라, 시간을 소중히 쓰고, 타인을 배려하며, 정직하게 살아가는 삶의 기록이 되도록 해요.

> **예**
> - "안녕? 나는 2025년에 살고 있는 초등학생 ○○야. 지금은 매일 아침⋯."
> - "나는 하루를 시작할 때 ○○을 먼저 생각해. 이 습관이 나를 ○○하게 만들어 줘."
> - "내가 조상들의 하루를 배우며 깨달은 가장 큰 가치는 ○○이야. 그래서 나는⋯."

3. 발표 & 공유

몇 명의 학생이 친구들 앞에서 편지를 낭독하고, "내가 전하고 싶은 가장 중요한 가치는 ○○이다."라고 정리해요.

3장
지도는 무엇을 말해 줄까요?

공간의 이해

중심 개념
지도와 위치
(Map and Location)

관련 개념
공간(Space)
방향(Direction)
비율(Ratio)

사고 개념
형태(Form)
관점(Perspective)
기능(Function)

연계 교과

- **사회**: 방향과 기호를 사용해 지역의 위치와 특징을 이해하고 다양한 관점에서 공간을 바라보기
- **수학**: 실제 거리를 축척으로 계산하며 비율의 원리를 익히고 지도 속 거리를 정확히 읽기
- **미술**: 다녀온 장소와 경험을 그림으로 표현하며 색과 선으로 나만의 시선을 담기

탐구 질문

❖ 지도는 세상을 이해하는 데 어떤 방식으로 도움을 줄까요?
❖ 지도를 만든 사람의 관점에 따라 지도의 모습은 어떻게 달라질까요?

교과서 속 연결 이야기

　지도를 살펴보면 단순한 그림이 아니라, 공간을 이해하고 세상을 바라보는 시선이 담겨 있다는 것을 알 수 있어요.

　사회 시간에는 방향과 기호를 통해 지역의 위치와 특징을 표현하고, 같은 공간도 보는 관점에 따라 다르게 나타낼 수 있다는 점을 배워요. 또한, 지도를 통해 지역과 지역이 어떻게 연결되어 있는지 살펴보며 세상을 더 넓게 이해하지요.

수학 시간에는 실제 거리를 축척으로 줄여 계산하고, 비율을 이해하면서 지도 속 거리를 정확히 읽고 활용하는 방법을 익히지요. 더 나아가 수학적 원리를 적용해 현실의 크기를 지도 위에 정확히 옮기는 방법을 배우게 돼요.

미술 시간에는 내가 다녀온 길이나 장소를 그림으로 표현하며, 색과 선으로 지도에 나의 감정과 경험을 담아낼 수 있어요. 이때 같은 풍경도 어떤 색과 선을 쓰느냐에 따라 나만의 시선과 이야기를 담아낼 수 있지요.

그래서 지도를 배우는 것은 사회의 약속, 수학의 원리, 미술의 표현이 함께 모여 세상을 이해하고 나만의 시선으로 표현하는 능력을 키우는 과정이에요.

지도를 꺼낸 민지

어느 날, 민지는 책장 속에서 오래된 종이 지도를 발견했어요.

"이게 뭐야? 지도가 종이였다고?"

할아버지께서 웃으며 말씀하셨어요.

"그건 네 아빠가 초등학생일 때 쓰던 지도란다. 이 지도로 등산도 하고, 친구들과 보물찾기도 했지."

민지는 스마트폰을 꺼내 '지도 앱'을 열었어요.

"나는 그냥 이걸로 어디든 갈 수 있는데…."

오늘날에는 스마트폰 앱으로 편리하게 길을 찾을 수 있는데, 종이 지도로 길을 찾아 다녔다는 게 참 신기했어요.

하루 종일 지도 생각을 한 민지는 그날 밤 지도 속 마을로 빨려 들어가는 꿈을 꾸었답니다.

지도 속 마을로 들어간 민지

"여기가 어디지?"

눈을 뜬 민지는 커다란 나무 지도가 그려진 벽 앞에 서 있었어요. 마을 사람들은 나무 지도를 보며 길을 찾고, 물길과 논밭의 위치를 이야기했어요.

"우린 지도를 보고 태양이 어디서 뜨는지도 알아요. 동쪽이 바로 이 방향이죠!"

한 소년이 나침반을 꺼내 보여 줬어요.

"마을 회관은 북쪽에 있고, 논밭은 남쪽에 있어요. 위치를 알아야 모두가 길을 잃지 않죠."

민지는 지도 읽기에 도전해 보았어요.

'이 집에서 학교까지 얼마나 걸릴까? 한 칸이 100미터니까… 다섯 칸이면 500미터!'

수학 시간에 배운 비례식이 떠올랐지요. 민지는 지도를 보며 속으로 계산을 해 보았어요.

그 순간, 누군가 부드럽게 어깨를 톡톡 건드렸어요.

"민지야, 아직 사회 숙제 안 했니?"

엄마의 목소리에 민지는 눈을 깜빡이며 고개를 들었어요. 책상 위에는 지도가 그려진 교과서가 펼쳐져 있었고, 그 옆엔 자와 나침반이 놓여 있었어요. 창밖에는 해가 기울고 있었지요.

방금 전까지 지도를 따라 마을을 누비던 기억이 생생했어요. 민지는 미소를 지으며 교과서를 다시 들여다보았어요.

"지도엔 진짜 수학이 숨어 있었구나!"

지도에는 수학이 숨어 있어요!

다음 날 민지는 학교 수업에서 마을 지도를 그리면서 중요한 사실들을 하나둘씩 알게 되었어요.

- 지도에는 방향이 있어요. 동, 서, 남, 북이 정확히 표시되어야 사람들이 길을 찾을 수 있어요. 나침반과 태양의 위치가 힌트

가 되지요.

- 지도에는 축척이 있어요. 실제 거리보다 작게 줄여서 그린 지도에서는 '1cm는 실제 거리 1km'처럼, 비율(축척)을 정확히 계산해야 해요.

- 지도는 관점을 담고 있어요. 어떤 사람은 마을의 논밭 위치가 중요하고, 어떤 사람은 시장, 학교, 병원이 중요해요. 지도의 내용은 그 사람의 관심과 목적에 따라 달라질 수 있어요.

❖ 탐색 질문

- 지도는 단순히 길을 찾는 도구일까요, 아니면 생각을 담는 창일까요?

- 내가 지도를 만든다면, 어떤 정보를 가장 크게 그리고 싶을까요?

- 스마트폰 지도가 없는 시대에 사람들은 공간을 어떻게 이해했을까요?

개념 확장

지도는 왜 나라마다 다르게 생겼을까요?

중심을 어디에 두느냐에 따라 달라지는 세계지도 이야기

우리가 학교에서 보는 세계지도는 대부분 비슷하게 생겼어요. 가운데는 우리나라가 있는 아시아, 왼쪽은 유럽과 아프리카, 오른쪽은 미국이 있는 북아메리카와 남아메리카가 있어요.

세계지도는 누가, 어느 나라에서, 어떤 목적으로 만들었느냐에 따라 중심과 모양이 달라질 수 있답니다.

지도의 중심은 바뀔 수 있어요

1. 미국 중심 지도

미국에서 만든 세계지도에는 미국이 가운데에 있어요.
태평양이 양쪽 끝에 크게 그려져 있고, 아시아는 왼쪽에, 유럽은 오른쪽에 있지요. 이 지도는 미국이 세계의 중심 국가라는 인식을 반영하기도 해요. 특히 미국의 교과서, 신문, 세계 정치 지도를 보면 이런 방식이 많아요.

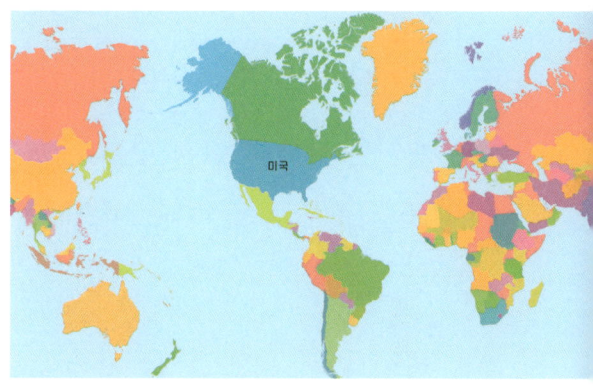

2. 유럽 중심 지도

유럽에서 만든 지도는 영국이나 프랑스가 중앙에 오게 되어 있어요. 이 지도는 바다를 건너 여러 나라를 탐험하고 식민지로 만들었던, 대항해 시대부터 사용된 메르카토르 도법(Mercator Projection, 1569)을 바탕으로 만들어졌어요. 그래서 유럽은 자신들의 위치를 '세계의 출발점'이라고 생각했어요. 우리가 학교에서 많이 볼 수 있는 세계지도도, 사실 유럽 중심의 지도를 바탕으로 만든 경우가 많아요.

3. 아시아 중심 지도

한국이나 일본, 중국에서는 아시아가 가운데에 오는 세계지도를 사용해요. 이 지도에서는 태평양이 가운데 오고, 미국이 오른쪽 끝, 유럽은 왼쪽 끝에 있어요. 우리나라 지도책이나 공항 벽에 붙은 세계지도를 보면 이런 모습이 자주 등장하지요. 내가 사는 곳에서 세상을 바라보는 방식이 지도에 담겨 있는 거예요.

그럼 세계지도는 누가 처음 만들었을까?

옛날에는 세계 전체를 그린 지도는 없었어요. 사람들은 자기 마을, 왕국, 혹은 그 근처만 그렸거든요. 하지만 시대가 지나면서 무역과 항해, 탐험이 늘어나자 멀리 떨어진 땅의 모습도 조금씩 알게 되었어요.

- 중세 유럽의 세계지도, 예를 들어 헤리퍼드 세계지도는 종교적인 이유로 예루살렘을 세계의 중심에 두었어요.
- 중국의 옛 지도는 황제가 사는 곳을 세계의 중심으로 두고, 중국을 가장 중요하게 그렸어요.
- 중동의 옛 지도 중에는 지리와 이슬람 문화를 반영해 남쪽이 위로, 북쪽이 아래로 된 지도를 그리기도 했어요.

그리고 1569년에 메르카토르라는 사람이 지구의 곡면을 평평한 종이에 옮기는 방법을 만들어, 오늘날 자주 쓰는 지도 형식이 시작되었어요. 하지만 이 지도는 땅 크기를 정확히 보여주지 못해요. 예를 들어, 아프리카는 실제보다 작게, 유럽은 더 크게 보인답니다.

지도를 보면, 세상을 바라보는 시선이 보여요

지도의 모습은 단순한 그림이 아니라, 사람들이 세상을 어떻게 보고 있는지를 말해 주는 도구예요.

어떤 지도는 자기 나라를 중심에, 또 어떤 지도는 거꾸로 남쪽이 위로, 또 어떤 지도는 공정한 비율로 모든 나라의 땅 크기를 재조정하기도 해요.

앞으로 지도를 볼 때 이것을 기억해요.

"지도는 한 가지 정답이 있는 것이 아니라, 세상을 바라보는 하나의 관점이다."

그 관점을 비교하고 이해하면, 다른 나라 사람들의 생각과 문화도 더 잘 이해할 수 있게 되지요.

> 확장 활동 1

나만의 지도 속 이야기

❖ **활동 주제**: 나의 하루 공간, 지도 속에 그려 보기

오늘 하루, 내가 다녀온 장소들을 떠올려 보세요. 집, 학교, 놀이터, 마트, 학원 등의 위치를 생각하면서 나만의 생활 지도를 만들어 보세요.

✓ 지도에는 꼭 포함해야 할 것들

- 방향 표시(동·서·남·북)
- 장소 이름 쓰기
- 내가 가장 오래 머문 곳, 가장 기억에 남는 곳 강조하기
- 각 장소 사이 거리 또는 걸린 시간 적기

  (예 집에서 학교까지 500m /10분)

확장 활동 2

축적으로 교실 그리기

❖ **활동 주제**: 교실을 1:50 축척으로 그려 보자!

실제 크기를 줄여서 도면을 만드는 연습을 해 보아요.

1:50 축척은 실제 길이 1m가 도면에서는 2cm가 되는 비율이에요. 왜냐하면 100cm ÷ 50 = 2cm이니까요!

❖ **활동 방법**

1. 줄자나 자를 이용해 교실의 주요 길이를 측정해요.

    (예 창문, 문, 칠판, 책상, 교실 전체 너비와 길이 등)

2. 측정한 실제 길이를 1:50 축척으로 계산하세요.

> 예
>
> 창문의 실제 길이가 2m(200cm)라면,
>
> 200 ÷ 50 = 4cm
>
> → 도면에는 4cm로 그리기

3. 도화지나 A4용지 위에 축척을 적용해 교실의 도면을 그려요.

- 자를 사용해 정확히 그리세요.
- 창문, 문, 책상 등의 위치도 표시해 보세요.
- 도면 제목, 방향 표시(북쪽 등), 축척도 적어 봐요.

❖ 탐색 질문

- 실제보다 작게 줄여서 그리는 이유는 무엇일까요?
- 축척을 잘못 계산하면 어떤 문제가 생길까요?
- 이 방법은 어디에서 쓰일 수 있을까요?
  (예 건축, 지도 제작 등)

4장
우리 동네는 어떻게 변해 왔을까요?

변화와 연속성

중심 개념
동네 (Town)

관련 개념
도시화(Urbanization)
문화유산(Cultural Heritage)

사고 개념
원인(Causation)
변화(Change)

연계 교과

- 슬기로운 생활: 마을과 우리나라, 다른 나라의 생활 모습을 비교하고 다양한 매체로 넓은 세상 탐색하기
- 사회: 우리 동네의 변화 원인을 살펴보고 도시화 속에서도 지켜야 할 가치를 발견하기

탐구 질문

❖ 우리 동네는 왜, 무엇 때문에 변해 왔을까요?
❖ 변화 속에서도 계속 지켜야 할 소중한 장소나 가치는 무엇일까요?

교과서 속 연결 이야기

    우리 동네의 변화를 살펴보는 것은 내가 사는 공간을 이해하는 중요한 과정이에요.

    슬기로운 생활 시간에는 마을의 모습을 관찰하고, 우리나라의 문화와 다른 나라 생활을 비교하며, 책이나 영상을 통해 더 넓은 세상을 탐색해요. 또 친구들과 이야기를 나누며 서로 다른 생활 방식을 존중하고 배우는 경험도 할 수 있지요.

사회 시간에는 동네가 달라진 이유와 원인을 배우고, 도시화와 교통 발달 같은 변화 속에서도 변하지 않고 이어지는 것의 가치를 찾아요. 동시에 지역 사람들이 협력해 문제를 해결하고 마을을 더 살기 좋은 곳으로 만들어 가는 방법도 함께 탐구하지요.

그래서 동네의 변화를 배우는 것은 단순히 옛 모습과 지금을 비교하는 것이 아니라, 우리 삶을 바라보는 시야를 넓히고 더 나은 공동체를 만들어 갈 소양을 갖추게 하는 과정이에요.

민지의 동네 사진첩

민지는 엄마랑 오랜만에 가족 앨범을 꺼내 보았어요.

"어? 여기 공원이 원래 공장이었어요?"

"응, 예전에는 여기 큰 공장이 있었는데, 지금은 그 자리에 숲길도 만들고 놀이터도 만들어서 멋진 공원이 되었지."

엄마의 설명을 들은 민지는 신기한 마음이 들었어요.

'우리 동네도 시간이 지나면서 이렇게 많이 바뀌었구나!'

그날 밤 민지는 시간 여행을 하듯 옛날 동네로 떠나는 꿈을 꾸었어요.

시간 속 동네를 걷다

먼지가 풀풀 날리는 흙길. 자전거 대신 소달구지가 지나가고, 큰 마트 대신 시장이 북적이던 옛 동네에 민지는 도착했어요.

"학교 앞에 있던 커다란 아파트 자리는 원래 논밭이었단다."

할아버지께서 젊은 모습으로 민지에게 말씀하셨어요.

"그 논에서는 벼를 심고, 여름이면 메뚜기를 잡기도 했지."

그런데 시간이 지나며 점점 논이 사라지고, 건물과 도로가 늘어나고, 사람들이 모이던 우물터도 없어졌어요.

무엇이 동네를 바꾸었을까?

민지는 생각했어요.

'우리 동네는 왜 이렇게 바뀌었을까?'

- 사람들이 더 많이 모여 살기 시작하면서 집과 도로가 더 필요해졌기 때문이에요.
- 예전에는 걸어서 시장에 갔지만, 지금은 차를 타고 마트에 가요. 그래서 도로가 넓어지고 상점도 커졌어요.
- 또 어떤 곳은 옛 건물을 허물지 않고, 문화유산으로 남기기도 했어요.

"변하지 않은 것도 있단다."

할머니께서 민지에게 말씀하셨어요.

"동네 한쪽에 있는 느티나무 아래 벤치는 예전에도 사람들이 모여 쉬던 곳이란다."

민지의 깨달음

민지는 다시 오늘의 동네로 돌아왔어요. 하지만 이제는 길을 걸을 때 어떤 가게가 사라졌고, 어떤 장소가 새로 생겼는지 눈에 들어오기 시작했지요.

그리고 느꼈어요. 동네의 모습은 계속 변하지만, 그 속에 담긴 이야기와 추억은 이어진다는 것. 그래서 우리는 지금의 동네를 더 아끼고, 소중한 것들은 함께 지켜야 할 책임도 있다는 것을요.

❖ 탐색 질문

- 우리 동네는 언제부터 이렇게 바뀌기 시작했을까요?
- 무엇이 동네를 바꾸게 했을까요?
- 달라진 것 중에서 계속 지키고 싶은 것은 무엇인가요?

개념 확장

산업화와 도시화는 어떻게 한국 사회를 바꾸었을까요?

한국은 오랜 시간 동안 농사를 중심으로 살아가는 농업 사회였어요. 하지만 1950년대 한국전쟁 이후, 나라가 매우 가난해지고 많은 것이 무너졌어요. 이때부터 정부는 나라를 다시 세우기 위해 공장과 도로를 짓고, 산업을 키우는 경제 개발 계획을 세우기 시작했어요. 1960년대부터 본격적으로 시작된 산업화는 공장을 세우고, 기계와 기술을 활용해 물건을 많이 생산하는 사회로 나아가는 과정이에요. 그전에는 주로 땅에서 곡식을 길러 먹고살았지만, 산업화가 이루어지면서 자동차, 기계, 전자 제품, 옷, 신발 같은 공산품을 만들어 외국에 수출하고 돈을 벌게 되었어요. 이 시기에는 포항제철(지금의 포스코), 경부고속도로, 울산공업단지 같은 대형 산업 기반이 생겨났어요.

이와 함께 ==도시화도 빠르게 진행==되었어요. 사람들은 시골을 떠나 서울, 부산, 인천, 대구 같은 대도시로 이사했고, 도시는 점점 커지고 복잡해졌어요. 아파트와 도로, 지하철이 생기고, 농촌 인구는 줄어들고 대부분 사람이 도시에서 학교에 다니고 일하게 되었지요.

==산업화와 도시화는 한국을 가난한 농업 국가에서 세계적인 산업 국가로 변화==시켰어요.

하지만 그 과정에서 자연이 파괴되거나, 전통 마을이 사라지거나, 사람들 사이의 삶의 모습이 급격히 바뀌는 어려움도 함께 생겼어요.

그래서 오늘날에는 빠르게 성장한 과거를 돌아보며 무엇을 지키고, 어떻게 조화를 이룰지를 고민하게 되었어요.

산업화와 도시화는 한국 사회의 모습을 완전히 바꾸어 놓은 가장 중요한 변화 중 하나예요.

확장 활동

우리 동네, 시간의 흔적을 따라 걷기

❖ **탐방 장소 예시**

- 동네 골목길, 재개발 지역, 오래된 시장, 공원, 작은 박물관

- 폐철도 부지나 옛길을 공원으로 바꾼 곳

- 오래된 가게나 한옥, 느티나무, 정자 등 문화유산이 있는 장소

1. 변화의 흔적 찾기 탐험대

동네를 탐방할 때는 사진을 찍거나 그림을 그리거나 간단한 메모로 기록해 보세요. 궁금한 점이 생기면 할머니나 마을 어르신, 안내소 직원 같은 어른들에게 질문해 보아요.

- 아래와 같은 것들을 찾아 보세요.

관찰 대상	질문해 보기
벽면에 남은 간판 자국	이곳에는 예전엔 어떤 가게가 있었을까요?
오래된 나무나 돌담	누가, 왜 이걸 만들었을까요?
폐철도 → 산책길	왜 철도를 없애고 공원으로 바꿨을까요?
마을 안내판	동네 이름이나 마을 이야기 중 무엇이 가장 흥미로웠나요?

2. 나만의 변화 지도 만들기

현장에서 관찰한 내용을 바탕으로 활동지를 채워 보세요.

1. 예전의 모습이 남아 있는 장소 한 곳

- 이름:

- 어떤 이야기나 느낌이 있었나요?

  _____
  _____
  _____

2. 지금은 완전히 바뀐 장소 한 곳

- 전에는 어떤 곳이었고, 지금은 어떤가요?

  _____
  _____

3. 내가 꼭 지키고 싶은 장소 한 곳

- 이유는?

  _____
  _____
  _____

❖ **응용 활동**

- 현장 학습을 다녀온 뒤에는 소감 일기를 써 보세요.
- 내가 지키고 싶은 우리 동네 장소를 엽서로 만들어도 좋아요.
- 사진과 그림으로 꾸며 '동네 변화 기록 전시판'을 만들어 볼 수도 있어요.

5장
내 가족은 어디에서 왔을까요?

정체성과 이주

중심 개념
가족
(Family)

관련 개념
이주(Migration)
세대(Generation)

사고 개념
원인(Causation)
성찰(Reflection)

연계 교과

- **사회**: 가족의 이주와 정착 과정을 통해 지역 생활 변화와 다문화 사회의 모습을 이해하기
- **국어**: 가족과 고향 이야기를 읽고 쓰며 나의 정체성과 세대 간 생활 방식을 돌아보기
- **슬기로운 생활**: 마을과 우리나라, 세계의 문화를 탐구하며 가족 이야기를 넓은 맥락과 연결하기
- **즐거운 생활**: 가족의 이동과 뿌리를 그림·노래·연극으로 표현하며 창의적으로 탐구하기

탐구 질문

❖ 우리 가족의 이동 경로를 지도에 표시한다면 어떤 모양일까요?

❖ 다문화 가정의 친구는 어떤 정체성을 가질까요?

교과서 속 연결 이야기

가족의 이야기를 살펴보면 단순한 집안의 역사가 아니라, 나의 정체성과 사회의 변화가 어떻게 연결되어 있는지를 발견할 수 있어요.

사회 시간에는 가족의 이주와 정착 과정을 통해 지역 생활이 어떻게 변해 왔는지 배우고, 교통과 산업 발달이 삶을 바꾼 원인을 탐구해요. 또 최근 사회 변화 속에서 다문화 사회가 형성되는 모습을 살펴보며, 다양한 문화를 존중하는 태도를 기르게 되지요.

국어 시간에는 가족의 삶과 고향, 이사와 관련된 글을 읽고 쓰면서, 세대마다 달라지는 생활 방식을 이해하고 나의 경험과 연결해요. 가족의 이동 이야기를 글이나 발표로 표현하면서, 내가 어떤 이야기를 이어받고 있는지 생각할 수 있답니다.

슬기로운 생활 시간에는 내가 사는 마을과 사람들의 생활을 탐구하고, 우리나라의 문화와 모습을 조사하면서 가족 이야기를 더 넓은 지역적 맥락과 연결해요. 또 세계 여러 문화와 생활 모습을 탐색하며, 우리 가족의 이동 경험과 다양성을 비교해 보지요.

즐거운 생활 시간에는 가족의 이주와 정체성 이야기를 그림, 노래, 연극 같은 활동으로 표현해 보면서, 나의 뿌리를 창의적으로 탐구하고 새로운 의미를 발견할 수 있어요.

그래서 가족의 역사를 배우는 것은 과거를 단순히 아는 것이 아니라, 나의 정체성을 확인하고 사회 속에서 다양한 문화를 존중하며 더 넓은 세계로 나아가도록 이끌어 주는 활동이에요.

가족 족보 대신 사진첩

"엄마, 이 사진 속 할아버지는 어디 계신 거예요?"

민지가 오래된 가족 사진첩을 펼치며 물었어요.

사진 속 할아버지는 군복을 입고, 어디 먼 곳을 바라보고 있었지요.

"이건 네 증조할아버지야. 1950년대에 전쟁을 피해 고향을 떠나 지금 우리가 사는 이 도시에 오셨어."

"그럼, 우리 가족은 원래 여기 살지 않았던 거예요?"

"그렇지. 원래는 황해도에서 살았단다."

민지는 처음 듣는 가족의 이야기에 깜짝 놀랐어요.

"우리 가족에게도 이동의 역사가 있었구나!"

사람들은 왜 이사를 했을까?

민지는 국어 시간에 배운 글을 떠올렸어요.

"고향을 떠난 이야기" 속 주인공도 새로운 일을 찾아 도시로 왔고, 친구 예나는 할머니가 제주에서 서울로 올라온 사연을 들려준 적이 있었지요.

사람들이 계속 한곳에서만 사는 것은 아니에요.

직업, 전쟁, 공부, 결혼, 기후, 기회 같은 이유로 사람들은 더 나은 삶을 찾아 다른 곳으로 옮겨가요.

이것을 '이주'라고 해요.

이주에는 나라 안에서 지역을 옮기는 것도 있고, 다른 나라로 이동하는 국제 이주도 있어요.

가족의 이동은 나의 정체성과 이어져 있어요

"우리 가족은 어디에서 왔을까?"

"왜 그곳을 떠나 다른 곳에 정착했을까?"

이런 질문은 내가 누구인지, 내가 어떤 문화를 이어받고 있는지를 이해하는 데 도움이 돼요.

민지는 가족에게 물어보기로 했어요. 할머니는 시골에서 태어나 서울로 이사 오셨고, 아빠는 군인이어서 여러 도시를 옮겨 다니며 살아오셨대요. 민지는 가족의 이야기를 들으며, 자신이 속한 가족에 대해 더 깊이 이해하게 되었어요.

이처럼 많은 곳을 거쳐 왔지만, 가족은 함께 살아가는 방식이나 말투, 음식, 그리고 소중한 추억들을 변함없이 이어가고 있었어요.

❖ 탐색 질문

- 우리 가족은 지금 사는 곳에 어떻게 오게 되었나요?
- 이사하거나 떠나야 했던 이유는 무엇인가요?
- 나는 우리 가족의 이야기를 통해 어떤 점이 특별하다고 느끼나요?

개념 확장

사람들이 나라를 옮겨 사는 이유와 지금의 이주 모습

지금, 이 순간에도 수많은 사람이 자신이 태어난 나라를 떠나 다른 나라에서 살고 있어요. 이렇게 <mark>다른 나라로 옮겨 가서 사는 사람들을 '국제 이주자'</mark>라고 해요.

2024년 기준으로 전 세계에는 약 3억 400만 명이 자기 나라가 아닌 곳에서 살아요. 이는 지구에 사는 사람 100명 중 약 4명 정도예요. 1990년보다 거의 두 배나 늘었어요!

사람들이 많이 이주해 가는 나라는 어디일까요?

- 가장 많은 국제 이주자가 사는 곳은 유럽이에요. 그다음은 북아메리카(미국과 캐나다 같은 나라들), 그리고 서아시아와 북아프리카 지역이에요.

- 미국은 세계에서 이주자가 가장 많은 나라예요. 독일, 사우디아라비아, 영국, 프랑스, 캐나다, 호주 같은 나라들에도 많은 이주자가 살고 있답니다.

나라를 떠날 수밖에 없는 사람들도 있어요

전쟁, 폭력, 가난, 자연재해 때문에 어쩔 수 없이 고향을 떠나야 하는 사람들도 있어요. 이런 사람들을 난민이나 강제 이주자라고 불러요.

2024년 기준으로 전 세계에 약 1억 2천만 명이 이런 어려움 때문에 고향을 떠났다고 해요.

그중 약 5천만 명은 다른 나라로 국경을 넘은 사람들이에요. 이 숫자도 역대 최고라고 해요.

그럼 우리나라, 대한민국은 어떨까요?

2024년 말 기준, 한국에는 약 265만 명의 외국인이 살아요. 전체 인구의 약 5%예요. 그중에는 중국, 베트남, 태국, 미국, 우즈베키스탄에서 온 사람들이 많아요.

많은 외국인이 직장을 다니거나, 공부를 하거나, 가족과 함께 살기 위해 한국에 왔어요. 그중 20~30대 젊은 사람들이 많고, 외국인 유학생도 약 26만 명이나 있어요.

하지만 불법 체류자(정해진 기간을 넘겨 체류 중인 외국인)도 약 40만 명 가까이 있고, 난민 신청자도 늘고 있지만 우리나라에서 난민으로 인정 받는 것이 그렇게 쉽지는 않아요.

한국 사회는 점점 '다문화 사회'가 되고 있어요

최근 10년 동안 국제결혼 가족, 외국인 노동자, 유학생, 외국에서 일하러 온 전문가들이 점점 많아졌어요.

이제 한국은 단일 민족의 나라가 아니라, 서로 다른 나라에서 온 사람들이 함께 살아가는 사회로 바뀌고 있어요.

확장 활동

내 가족은 어디에서 왔을까요?

우리는 모두 각자의 뿌리를 가지고 있어요. 하지만 할머니, 할아버지, 부모님이 살아 온 길은 모두 다르지요.
이번 활동에서는 가족의 이야기를 듣고, 그 이야기를 바탕으로 나만의 DNA 지도를 상상해 볼 거예요.

1. 조부모님 인터뷰로 가족 이야기 듣기

먼저, 가족 중 어른 한 분을 인터뷰해 보세요. 우리 가족은 어디에서 살았는지, 왜 이사를 하게 되었는지, 어떤 일을 하며 살아 왔는지 물어보는 거예요.

예
- 어릴 때 살던 고향은 어디였나요?
- 지금 사는 곳으로 왜 오게 되었나요?
- 예전에 가족들은 어떤 직업을 가졌나요?
- 가족 중 외국에 나간 분도 계셨나요?

들은 이야기는 간단한 메모나 그림, 글로 정리해 보아요.
가족 이야기 속에 여러분의 뿌리가 담겨 있답니다!

2. 나의 DNA 지도 만들기 – 상상으로 떠나는 나의 세계 뿌리 여행

1. 가족 이야기 속 단서 찾기

먼저 활동 1에서 했던 조부모님 인터뷰나 가족 이야기를 떠올려 보세요.

다음과 같은 질문을 자신에게 해 봐요.
- 우리 가족 중 외국에 살았던 사람이 있었나요?
- 가족 중 외국어를 잘하는 사람이 있나요?
- 우리 가족의 음식, 문화, 명절, 이름, 종교, 교육 등에 다른 나라와 닿아 있는 부분은 없나요?

2. 나의 상상 DNA 구성해 보기

위에서 찾은 단서들을 바탕으로 나만의 가상 DNA 비율을 정해 보세요.

예 1

- 한국 40% (태어난 나라)
- 독일 20% (할아버지가 파독 광부로 일했던 나라)
- 필리핀 15% (어머니가 태어난 나라)
- 미국 15% (이모가 유학했던 나라, 영어 문화와 가까움)
- 이탈리아 10%
  (내가 가장 가보고 싶은 나라 – 음식과 미술에 관심 있음)

예 2

- 중국 30%
- 카자흐스탄 20% (고조할아버지가 살았던 곳)
- 한국 30%
- 캐나다 10%
- 남아프리카공화국 10%
  (친구가 살고 있어 자주 영상통화를 함)

이렇게 구성된 DNA는 진짜 검사가 아니라, '나의 정체성을 상상하고 표현하는 방법'이에요!

3. 세계지도 위에 나의 DNA 표시하기

세계지도를 준비해, 각 나라에 색을 칠하거나 스티커를 붙여요. 그리고 지도 옆에는 간단한 이유나 가족과의 연결, 내 느낌을 써 보아요.

> 예
> - 독일 – 할아버지가 일했던 나라. 지금도 그곳 음악을 들으면 마음이 뭉클해요.
> - 필리핀 – 엄마가 어릴 때 살았던 섬나라. 나도 밝은색 옷을 좋아해요.
> - 미국 – 내가 배우는 영어가 사용되는 나라. 나도 나중에 공부하러 가고 싶어요.
> - 이탈리아 – 미술관과 피자가 유명해요. 내가 좋아하는 것들이 많은 나라예요.

4. 나의 세계 뿌리 소개 글 쓰기

지도를 다 꾸몄다면, 이제 '나는 이런 뿌리를 가진 아이예요' 라는 주제로 짧은 자기소개 글을 써 보세요.

"나는 여러 나라와 이어진 세계 시민이에요. 한국에서 태어났지만, 우리 가족은 독일과 필리핀, 미국과도 연결돼 있어요. 나는 언어와 문화를 배우는 걸 좋아해서 친구들과 다른 나라 이야기를 나누는 시간이 참 즐거워요.

미래에는 여러 나라를 여행하며 서로 다른 사람들을 더 잘 이해하는 사람이 되고 싶어요."

_____

_____

_____

_____

_____

❖ 탐색 질문

- 나의 뿌리에는 어떤 가치(예 존중, 노력, 다양성)가 담겨 있나요?

- 진짜 DNA보다 더 중요한 '내 이야기'는 무엇일까요?

- 내가 만나 본 다른 친구들의 뿌리는 나와 어떻게 비슷하거나 다를까요?

탐구 이야기

할아버지의 여권
- 두 세대, 두 나라 이야기

김태영 씨는 캐나다에 살고 있어요.

멋진 연구소에서 AI(인공지능) 엔지니어로 일하고 있지요. 로봇이 어떻게 생각하는지, 사람처럼 말하게 하려면 어떻게 해야 하는지를 연구하는 멋진 직업이에요.

어느 날, 태영 씨는 한국에 있는 할머니 집을 방문했어요. 할머니는 서랍 깊숙이 넣어 두었던 오래된 여권 하나를 꺼내 보여 주셨어요.

"이건 네 할아버지 여권이란다. 1970년에 독일에 일하러 가실 때 쓰셨지."

태영 씨는 여권 속 직업란을 보고 깜짝 놀랐어요.

'노동자(광부)'라고 적혀 있었거든요.

"할아버지가 독일에 왜 가셨어요?"

"그땐 한국이 정말 가난해서 젊은 사람들이 외국에 나가 일을 해야 했단다. 너희 할아버지는 석탄을 캐는 힘든 일을 하셨어. 그렇게 번 돈으로 우리 가족이 집도 사고, 너희 아빠도 학교에 보낼 수 있었단다."
태영 씨는 말없이 여권을 바라보았어요.
할아버지도 반세기 전에 다른 이유로 외국에 나가 있었다는 사실이 놀랍고 감동적으로 느껴졌어요.
"나는 기술을 배우기 위해, 할아버지는 가족을 위해. 목적은 달라도, 우리 둘 다 새로운 나라에서 새롭게 살아가는 길을 택했구나."
이 짧은 이야기 속에는 세대를 건너 이어지는 이주, 시대에 따라 바뀌는 이유와 직업, 그리고 가족의 삶과 노력이 담겨 있어요.
과거의 이주는 생계를 위한 선택이었다면, 오늘날의 이주는 공부와 기술, 경험을 위한 선택이 되기도 해요. 하지만 두 세대 모두 더 나은 미래를 꿈꾸며 국경을 넘었다는 점은 같지요.

우리는 어떻게 이야기를 남길까요?

기록과 기억

중심 개념
기록 (Record)

관련 개념
기억(Memory)
문자(Script)

사고 개념
변화(Change)
연결(Connection)

연계 교과

- 국어: 글·영상·이미지 등 다양한 매체로 생각을 표현하고 디지털 자료를 비판적으로 탐구하며 기록 남기기
- 사회: 옛사람들의 기록과 문화유산을 탐구하고 사회 변화를 설명하는 자료로 기록 이해하기
- 미술: 그림, 만화책, 조형물 등 시각적 표현으로 이야기를 기록하고 창의적으로 남기기

탐구 질문

❖ 1000년 후 사람들이 우리를 기억하는 방법은 무엇일까요?

❖ 디지털 기록은 종이 기록보다 오래갈 수 있을까요?

교과서 속 연결 이야기

　기록의 방식을 살펴보면 단순히 글쓰기나 그림 남기기가 아니라, 나의 경험과 사회의 기억이 어떻게 이어져 있는지를 발견할 수 있어요.

　국어 시간에는 일기나 편지, 기사문을 쓰면서 내 생각을 글로 표현할 뿐 아니라, 디지털 자료를 검색하고 가짜 뉴스를 구별하며 텍스트·이미지·영상이 결합된 자료를 직접 제작하고 공유하는 활동을 해요. 기록은 나의 경험을 표현하는 동시에, 미래를 향한 책임 있는 메시지가 될 수 있음을 배우지요.

사회 시간에는 옛사람들이 남긴 비문, 고문서, 벽화 같은 기록을 통해 과거의 생활 모습을 이해하고, 오늘날 문화유산과 사회 변화를 설명하는 데 기록이 어떤 역할을 하는지 탐구해요. 기록은 단순한 사실의 나열이 아니라, 사회와 세대를 잇는 다리라는 것도 알게 되지요.

미술 시간에는 나만의 만화책, 포스터, 점토 등을 만들면서 그림과 조형물을 통해 이야기를 시각적으로 표현하는 법을 배우고, 기록이 예술과도 깊이 연결되어 있음을 깨닫게 돼요.

그래서 기록을 배우는 것은 단순히 정보를 남기는 일이 아니라, 나의 이야기와 우리 사회의 기억을 책임 있게 표현하고 미래와 이어지게 하는 경험이에요.

오래오래 기억되기를 바라는 마음

민지는 할머니 방에서 오래된 일기장을 발견했어요. 다 낡은 노란 종이 위에, 조심스럽게 적힌 글씨가 있었지요.

"1974년 5월 12일, 오늘은 내 아기가 처음으로 걸었다. 두 발로 비틀비틀 걷는 모습이 너무 귀엽다."

"이건… 외할머니가 엄마를 키우던 시절에 쓴 일기네!"

민지는 신기하면서도 따뜻한 마음이 들었어요.

기록이 있으니 그 당시 할머니의 마음도, 엄마의 모습도 지금까지 생생하게 남아 있을 수 있어요.

사람들은 왜 이야기를 기록할까?

예전 사람들도 자신이 본 것, 느낀 것, 세상에 일어난 중요한 일들을 잊지 않기 위해 글로 남겼어요.

돌에 새긴 비문, 대나무 쪽에 쓴 책, 붓으로 적은 편지, 그리고 지금 우리가 쓰는 스마트폰까지!

기록은 단순한 정보가 아니라 사람의 기억, 감정, 생각, 삶의 방식을 담고 있어요.

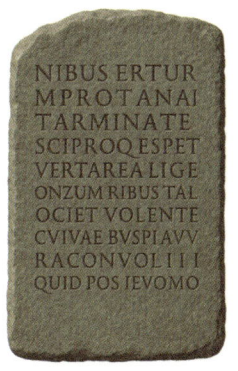

기록은 모습도, 방법도 달라졌어요

예전 기록	지금 기록
나무판, 돌이나 흙 판에 새김	컴퓨터, 스마트폰, 클라우드
붓글씨, 손 편지	키보드 입력, 음성 녹음
그림 벽화	사진, 영상, SNS 게시글
입으로 전하는 이야기(구전)	팟캐스트, 동영상, 자서전

하지만 기록 방법이 바뀌어도 이야기를 남기고 싶은 마음은 예나 지금이나 똑같아요.

기록은 말이나 글뿐이 아니에요

학교 복도에 붙어 있는 그림, 공원에 세워진 기념 조형물, 우리 가족의 앨범 속 사진, 그리고 내가 오늘 쓴 일기장도 모두 기록이에요!

미술 시간에 만든 나만의 만화책, 발표회에서 부른 노래와 쓴 대본도 모두 나의 이야기를 남기는 방법이에요.

기억을 잇는 것은 우리예요

민지는 오늘 하루 있었던 일을 그림일기로 남기기로 했어요. 할머니처럼, 엄마처럼, 나도 지금 이 순간의 마음을 남기고 싶어졌거든요.

"나중에 내가 커서 이걸 보면 오늘을 다시 떠올릴 수 있을까?"

"그럼! 네 이야기는 너만이 가장 잘 남길 수 있단다."

엄마가 다정하게 웃으며 말씀하셨어요.

❖ **탐색 질문**

- 나는 오늘 어떤 기억을 남기고 싶었나요?
- 어떤 방식으로 내 이야기를 표현할 수 있을까요?
- 나의 이야기 중 후세에도 전하고 싶은 내용은 무엇인가요?
- 말, 글, 그림, 영상 중 나는 어떤 기록 방법이 편한가요?

상형문자란 무엇일까요?

상형문자란 무엇일까요?

옛날에는 지금처럼 연필이나 종이, 스마트폰이 없었어요. 그래서 사람들은 그림처럼 생긴 글자를 이용해 자기 생각을 표현하고 기록했어요.

이런 글자를 상형문자라고 불러요. 상형문자는 '모양을 본떠 만든 글자'라는 뜻이에요.

예를 들어, 해를 그릴 때는 동그라미에 점을 찍고, 새는 날개가 있는 모양으로 그렸어요. 그림처럼 생긴 이 글자들이 모여서 문장처럼 의미를 전달했지요.

대표적인 상형문자의 종류

이집트의 상형문자(히에로글리프)

신전 벽, 피라미드, 미라 관 등에 새겨진 글자예요. 해, 눈, 뱀, 사람 모습 등이 나타나요.

메소포타미아의 설형문자(쐐기 문자)

부드러운 점토판 위에 갈대나 나무 막대기로 눌러 만든 글자예요.

모양이 쐐기처럼 생겨서 '설형(쐐기) 문자'라고 불러요.

중국의 갑골문

동물 뼈나 거북이 등껍질에 새긴 글자예요. 지금 한자의 아주 옛날 모습이에요.

왜 상형문자가 중요할까요?

상형문자는 사람들이 처음으로 기록을 시작한 방법이에요. 그 덕분에 우리는 수천 년 전 사람들의 생각과 삶을 오늘날까지 알 수 있어요. 어떤 나라는 종이가 생기기 전까지 백 년 동안 상형문자를 사용했어요.

확장 활동 1

〈미래 인류에게 보내는 편지〉 쓰기

우리는 지금의 삶을 미래 사람들과 어떻게 나눌 수 있을까요? 100년 뒤에 열어 볼 타임캡슐 속 편지를 써 보세요. 내가 좋아하는 것, 오늘의 하루, 나의 고민이나 바람도 좋고, 지구나 인류에 전하고 싶은 메시지를 담아도 좋아요.

❖ **활동 방법**

아래 두 가지 방식 중 하나를 선택하거나, 두 가지를 비교해서 써 보세요. 마지막엔 '나는 왜 이 방법을 선택했는지' 이유도 함께 적어 봐요.

1. 종이에 손편지를 써 보세요. 손글씨로 전하는 감성은 오래도록 마음에 남아요.
2. USB에 타이핑해서 저장해요. 영상이나 사진도 함께 담을 수 있어요

확장 활동 2

점토판에 설형문자 새기기 체험

옛날 바빌로니아 사람들은 종이도 컴퓨터도 없던 시절에 부드러운 점토판에 뾰족한 막대로 글자나 숫자를 새겨서 기록했어요. 그리고 그 기록이 지금까지도 남아 있어요!

이번에는 여러분도 고대 사람처럼 자신의 이름, 날짜, 심볼, 짧은 메시지나 상형 그림을 작은 점토판에 새겨 보세요.

❖ **활동 방법**

1. 조그마한 점토판(공예용 찰흙이나 점토)을 준비해요.

2. 나무 막대나 뾰족한 도구로 원하는 문양을 새겨요.

3. 말려서 보관하거나, 학급 타임캡슐에 함께 넣어도 좋아요.

인물 이야기

안네 프랑크의 일기와 기억을 지키는 힘

안네 프랑크는 독일에서 태어난 평범한 소녀였어요.

하지만 안네가 살던 시대는 전쟁이 일어나고, 유대인이라는 이유만으로 많은 사람이 차별받던 무서운 시기였어요.

이 전쟁을 제2차 세계대전, 그리고 유대인을 잔인하게 학살한 일을 홀로코스트(Holocaust)라고 불러요.

안네의 가족은 유대인이었기 때문에 독일 나치 정권으로부터 숨어야 했어요. 그들은 네덜란드의 어느 건물 뒷방에 2년 넘게 숨어 살았어요.

안네는 그곳에서 매일매일 일기를 썼어요.

13세 생일
아버지 오토로부터 선물받은
안네의 일기장

"친구 키티에게…"라는 말로 시작된 그 일기에는 두려움, 희망, 가족 이야기, 세상에 대한 꿈이 담겨 있었어요.

안네는 안타깝게도 끝내 전쟁이 끝나기 전, 강제 수용소에서 생을 마쳤어요. 하지만 그녀가 남긴 일기는 전 세계 사람들에게 전쟁의 참혹함, 차별의 슬픔, 평화의 소중함을 전하고 있어요.

지금도 많은 사람이 『안네의 일기』를 읽으며 '어떻게 역사를 기억하고, 다시는 이런 일이 일어나지 않도록 할 수 있을까?'를 생각하게 돼요. 기록은 한 사람의 기억을 넘어서, 모든 인류가 배워야 할 교훈이 될 수 있어요.

안네처럼 우리도 내 생각과 감정을 기록하고 나누는 연습을 하며 더 나은 세상을 만드는 첫걸음을 내디딜 수 있어요.

"나는 아직도 사람들의 마음속에는 선함이 있다고 믿어요."

— 『안네의 일기』 중에서

안네 프랑크의 사진,
사진=안네 프랑크의 집 홈페이지

탐구 이야기

구텐베르크 인쇄술과 디지털 기술이 바꾼 세상

옛날에는 책 한 권을 만들기 위해 사람이 하나하나 손으로 글을 베껴 써야 했어요. 그래서 책은 아주 비쌌고, 글을 읽을 수 있는 사람도 많지 않았어요.

하지만 1450년경, 독일의 요하네스 구텐베르크라는 사람은 금속활자와 인쇄기를 발명해 책을 쉽게, 빠르게 찍어낼 수 있게 만들었어요.

이것이 바로 인쇄 혁명이에요.

우리 나라의 금속활자 인쇄가 서양보다 일찍 시작됐지만 대량 생산은 제한적이었어요.

구텐베르크의 인쇄술 덕분에 성경, 과학책, 이야기책 등이 많이 만들어지고 사람들은 더 많이 배우고, 생각을 나누게 되었어요.

지식이 널리 퍼지면서 유럽 사회는 빠르게 변화했고, 종교개혁, 과학 혁명, 계몽운동 같은 중요한 변화들이 이어졌지요.

그로부터 수백 년이 지난 지금, 우리는 또 다른 큰 변화를 맞이하고 있어요. 바로 디지털 혁명이에요!

책이나 신문뿐 아니라 사진, 동영상, 게임, 소리, 이야기까지 모든 정보를 컴퓨터와 스마트폰으로 만들고, 저장하고, 전 세계 사람들과 즉시 나눌 수 있게 되었어요.

구텐베르크의 인쇄술이 '모든 사람에게 지식을 퍼뜨리는 첫걸음'이었다면, 디지털 기술은 모든 사람이 직접 이야기의 주인공이 되어 기록하고 표현할 수 있게 해 주는 시대를 만들고 있어요.

기록은 시대마다 도구는 달라졌지만, 사람들이 더 나은 생각을 나누고, 진실을 기억하려는 마음은 변하지 않았어요.

이제는 여러분도 디지털 도구를 사용해 나만의 기록과 이야기를 세상에 남길 수 있는 시대에 살고 있어요!

구텐베르크 인쇄기 복제품

7장
세계의 옛 문명은 어떤 모습이었을까요?

문명의 발전

중심 개념
문명(Civilization)

관련 개념
발명(Invention)
자원(Resource)

사고 개념
원인(Causation)
변화(Change)

연계 교과

- 사회: 큰 강을 중심으로 형성된 문명의 생활 모습과 변화 과정을 탐구하기
- 과학: 흙, 돌, 물, 햇빛 같은 자연 자원이 발명과 기술 발전에 어떻게 쓰였는지 이해하기
- 실과: 옛 문명의 발명이 오늘날 생활 속 문제 해결과 자원 활용으로 이어지는 과정 살펴보기
- 바른 생활: 문명 속 사람들이 공동체를 이루고 규칙을 지키며 자원을 아껴 쓴 태도 배우기

탐구 질문

❖ 고대 문명의 붕괴는 오늘날 우리에게 어떤 경고를 하나요?
❖ 과거의 발명품이 현대 기술에 어떻게 재탄생했을까요?

교과서 속

연결 이야기

　세계의 옛 문명을 배우는 것은 단순히 오래된 역사를 아는 것이 아니라, 사람들이 어떻게 환경을 활용하고 자원을 발명하며 새로운 사회를 만들었는지를 이해하는 일이에요.

　사회 시간에는 큰 강을 중심으로 발전한 네 가지 문명(메소포타미아, 이집트, 인더스, 황허)을 살펴보며, 문명이 생겨난 원인과 생활 모습의 변화를 배워요. 또 각 문명이 남긴 문자, 법, 건축 같은 유산이 오늘날에도 이어지고 있음을 알게 돼요.

과학 시간에는 흙, 돌, 물, 햇빛 같은 자원이 발명과 기술로 이어지며 문명을 발전시킨 원리를 탐구하지요. 이를 통해 자연 자원이 어떻게 인간 생활을 바꾸었는지를 과학적 눈으로 이해해요.

실과 시간에는 오늘날의 생활 속 자원과 발명품을 연결해, 문명이 남긴 지혜가 어떻게 지금도 문제 해결과 새로운 발명으로 이어지고 있는지를 배웁니다. 나아가 미래 생활 속에서 자원을 어떻게 더 지혜롭게 활용할지도 고민해 보아요.

바른 생활 시간에는 옛 문명 속 사람들이 공동체를 이루고 규칙을 지키며 자원을 아껴 쓴 태도를 배우며, 지금 우리 생활에서 지켜야 할 가치가 무엇인지 생각하게 돼요. 또한, 내가 속한 공동체에서 어떤 책임을 실천해야 하는지도 함께 배우게 돼요.

그래서 세계의 옛 문명을 배우는 것은 과거의 발명과 생활을 이해하는 동시에, 오늘 우리가 살아가는 사회와 미래의 삶을 지혜롭게 준비하게 하는 일이에요.

문명 이야기

사람들은 왜 문명을 만들었을까요?

아주 먼 옛날, 사람들은 들판과 강가에서 살며 물고기를 잡고, 열매를 따고, 동물을 따라다녔어요.

하지만 더 안전하고 편리한 삶을 위해, 어느 순간부터 사람들은 한곳에 모여 살기 시작했지요.

그렇게 생겨난 것이 바로 문명(civilization)이에요.

문명은 사람들이 모여 살면서 농사를 짓고, 도시를 만들고, 글자를 만들고, 발명을 하며 발전한 생활 방식이에요.

강이 있는 곳에 문명이 생겼어요

옛날의 문명들은 대부분 큰 강 근처에서 시작되었어요.

왜 그랬을까요?

- 물이 많아서 농사짓기 좋고,
- 땅이 기름져서 곡식이 잘 자라고,
- 강을 따라 사람과 물건이 이동하기 쉬웠기 때문이에요.

그래서 역사에는 이런 문명들이 있어요.

문 명	위 치	대표 강	특 징
메소포타미아	지금의 이라크	티그리스강, 유프라테스강	쐐기문자, 점토판
이집트 문명	이집트	나일강	피라미드, 상형문자
인더스 문명	인도·파키스탄	인더스강	도시 설계, 목욕탕
황하 문명	중국	황하(황허)강	갑골문, 벼농사

발명은 어떻게 사람들의 삶을 바꿨을까요?

문명 속 사람들은 새로운 것을 만들며 더 편리한 세상을 만들어 갔어요. 이런 걸 발명이라고 해요.

- 바퀴가 생기면서 무거운 짐을 쉽게 나르게 되었고,
- 농기구 덕분에 더 많은 곡식을 심을 수 있었고,
- 문자와 달력으로 시간과 사건을 기록할 수 있게 되었어요.

자연 속 자원(흙, 물, 돌, 햇빛 등)을 이용해 도구, 집, 무기, 예술품도 만들었지요.

문명은 어떻게 발전했을까요?

처음에는 물과 땅이 풍부한 곳에서 작은 마을이 생기고, 사람들이 함께 규칙을 만들고 왕, 신전, 법, 상점이 생기면서 문명은 점점 더 복잡하고 멋진 사회로 발전했어요.

하지만 자원을 너무 많이 쓰거나, 자연을 함부로 대하거나, 다른 나라와 싸우면서 문명이 사라지기도 했어요.

❖ 탐색 질문

- 사람들은 왜 문명을 만들었을까요?
- 문명이 생긴 곳은 어떤 공통점이 있었을까요?
- 내가 사는 지금의 도시는 어떤 문명과 닮았나요?
- 자원과 발명이 없는 문명은 어떤 모습이었을까요?

자원을 둘러싼 전쟁?
- 반도체와 희토류 이야기

요즘 뉴스에서 '반도체'나 '희토류' 같은 말을 들어 본 적 있나요? 이 단어들은 어렵게 들릴 수도 있지만, 사실 우리 주변에서 아주 중요한 자원이에요. 그리고 지금 세계 여러 나라가 이 자원을 얻기 위해 경쟁하고 있답니다.

반도체는 무엇일까요?

반도체는 컴퓨터, 스마트폰, 자동차, 냉장고, TV에 꼭 들어가는 '전자 두뇌' 같은 부품이에요. 이 조그만 칩 하나가 정보를 빠르게 계산하고 기계를 작동시키는 역할을 하지요.

한국은 세계에서도 손꼽히는 반도체 강국이에요. 그래서 반도체는 한국 경제에 아주 중요한 자원이에요.

희토류는 어디에 있을까요?

희토류는 땅속 깊은 곳에서 나오는 특별한 금속 원소들이에요. 17가지밖에 없어서 '희귀한 흙 속 자원'이라고 불러요. 이 금속은 스마트폰, 전기 자동차, 풍력 발전기, 군사용 장비 등에도 꼭 필요해요. 그런데 희토류는 전 세계 어디에서나 나오는 게 아니에요. 중국, 호주, 아프리카 몇몇 국가처럼 희토류가 풍부한 나라들이 따로 있어서 자원을 가진 나라와, 필요한 나라 사이에 '희토류 전쟁'이 일어나기도 해요.

왜 자원 때문에 싸울까요?

희토류처럼 첨단 기술에 꼭 필요한 자원과 반도체 같은 제품들은 오늘날 문명의 발전을 이끄는 중요한 열쇠예요.

그래서 나라들은 더 좋은 자원, 더 안정적인 공급을 얻기 위해 서로 경쟁하거나, 협력하거나, 때로는 갈등하기도 해요.

개념 확장

세계의 옛 문명은 어떤 모습이었을까요?

아주 오래전, 사람들은 물이 있는 곳을 따라 모여 살기 시작했어요. 그중에서도 큰 강 주변은 농사를 짓기에 좋고, 물도 풍부하고, 사람과 물건이 오가기도 쉬워서 점점 큰 마을과 도시가 만들어졌어요.

이렇게 생겨난 것이 바로 문명이에요.

그중에서도 특히 널리 알려진 네 가지 문명이 있어요.

이집트 문명, 메소포타미아 문명, 인더스 문명, 황하 문명이에요.

먼저, <mark>메소포타미아 문명</mark>은 지금의 이라크 지역에서 티그리스강과 유프라테스강 사이에서 시작됐어요. 이 문명의 사람들은 진흙으로 만든 점토판 위에 작은 쐐기 모양의 글자인 쐐기문  자를 새겨 자신들의 생각을 남겼어요. 또 지그라트라는 계단 모양의 신전도 세워 신을 모시는 공간으로 사용했지요.

<mark>이집트 문명</mark>은 아프리카의 나일강을 따라 만들어졌어요. 해마다 나일강이 범람하면서 기름진 흙이 생겨 농사를 짓기에 아주 좋았어요. 이집트 사람들은 무거운 돌을 옮겨 피라미드를 세웠고, 상형문자를 만들어 파피루스라는 종이에 글과 그림을 남겼어요.

그중에서도 『사자의 서』는 죽은 사람의 내세 여행을 돕기 위한 책으로, 긴 파피루스 두루마리에 상형문자와 삽화를 적은 이집트 문명을 대표하는 기록이에요.

인더스 문명은 지금의 인도와 파키스탄 지역에 흐르는 인더스강 주변에서 만들어졌어요.

이 문명은 특히 도시 설계가 아주 정교했어요. 집과 거리, 하수도, 공공 목욕탕까지 갖춘 모헨조다로와 하라파 같은 도시가 유명해요. 이들은 벽돌로 도시를 만들고, 생활에 꼭 필요한 구조를 계획적으로 만들었지요.

마지막으로, 황하 문명은 중국의 황하(황허)강 주변에서 생겨났어요. 이곳 사람들은 벼농사를 짓고, 갑골문이라는 글자를 동물 뼈나 거북 등껍질에 새겨 기록을 남겼어요. 이 갑골문은 지금 우리가 쓰는 한자의 시작이 되었지요.

이처럼 네 문명은 서로 다른 지역에서 생겨났지만 모두 큰 강 근처에서 시작되었고, 사람들이 함께 사는 데 필요한 것들을 발명하고 발전시켜 지금 우리가 사는 모습에도 많은 영향을 주었답니다.

문명은 단순히 옛날이야기만이 아니라, 우리가 어디서 왔고, 어떻게 살아 왔는지를 알려 주는 소중한 흔적이에요.

확장 활동 1

지금 우리 문명에 꼭 필요한 자원은 무엇일까요?

우리가 사는 현대 문명도 옛날처럼 자원을 이용해 생활에 필요한 여러 가지를 만들어 사용하고 있어요.

이번 활동에서는 우리 주변에 꼭 필요한 자원이 무엇이고, 그 자원을 어떻게 활용하고 있는지 생각해 보아요.

❖ '자원 카드' 채우기 활동지

자원 이름	어디에서 나와요?	우리가 어디에 사용하나요?	없어진다면 어떤 문제가 생길까요?
전기	발전소, 태양, 풍력 등	조명, 냉장고, 스마트폰, 교실	
물	강, 지하수, 댐	마시기, 씻기, 농사, 요리	
석유	지하에서 뽑음	자동차 연료, 플라스틱, 의약품	
금속	광산, 재활용	휴대전화, 컴퓨터, 건물, 자동차	

빈칸을 채운 뒤, 내가 가장 중요하다고 생각하는 자원과 그 자원을 선택한 이유를 써 보아요.

- 내가 가장 중요하다고 생각하는 자원

  _____

- 그 이유는

  _____

  _____

- 예시

나는 자원 중에 물이 가장 중요하다고 생각해. 다른 자원은 없어도 우리가 살 수 있지만 물이 없으면 우리가 살아갈 수 없으니까.

❖ 탐색 질문

- 우리가 사용하는 자원 중 자연에서 그대로 얻는 자원은 무엇인가요?
- 자원을 아껴 써야 하는 이유는 무엇일까요?
- 새로운 자원을 발명한다면 어떤 것이 좋을까요?

풍력 발전기

확장 활동 2

자원을 둘러싼 경쟁 – 반도체와 희토류

1. 뉴스 기사 찾아보기

뉴스나 책, 영상 등에서 '반도체' 또는 '희토류'와 관련된 기사나 이야기를 하나 찾아 보세요. (온라인 뉴스, 신문, 잡지, 도서관 자료, 등 활용 가능)

- 기사 제목: _____
- 출처(사이트/신문 이름): _____
- 날짜: _____
- 어떤 나라 또는 기업이 등장하나요? _____

2. 기사 내용 요약하기

이 뉴스에서는 어떤 이야기를 하고 있나요? 중요한 내용을 3~4문장으로 정리해 보세요.

_____

_____

_____

3. 내 생각 말하기

- 이 기사를 보고 가장 놀라웠던 점은 무엇인가요?

  → _____

- 희토류 같은 자원이 왜 중요한지, 자신의 의견을 말해 보세요.

  → _____

- 자원을 얻기 위한 나라 간 경쟁이 생기면 어떤 일이 벌어질까요?

  → _____

4. 나의 결론 & 제안

자원을 아끼고 똑똑하게 쓰기 위해 우리가 할 수 있는 일을 한 가지 써 보세요.

_____

탐구 이야기
파피루스와 한지

옛사람들은 무엇으로 기억을 남겼을까요? 오늘날 우리는 종이나 컴퓨터를 이용해 이야기를 남기지만, 예전 사람들은 자연에서 얻은 재료로 기록을 만들었어요. 대표적인 예가 이집트의 파피루스와 한국의 한지예요.

파피루스: 고대 이집트의 지혜가 담긴 식물 종이

파피루스는 나일강 근처에 자라는 식물로, 줄기를 가늘게 잘라 겹겹이 쌓고 누르고 말려서 만든 고대의 종이예요.

특히 유명한 기록물은 『사자의 서(Book of the Dead)』예요. 이 책은 고대 이집트 사람들이 죽은 후의 세상에 대해 믿었던 내용을 담고 있어요. 기원전 1500년경부터 이 책은 미라와 함께 관 속에 넣거나 무덤에 묻었고, 24미터에 이르는 긴 파피루스 두루마리로 만들어졌지요. 그 안에는 상형문자와 아름다운 그림이 함께 들어 있어 이집트 사람들의 믿음과 문화를 보여 주는 가장 상징적인 유물이에요.

한지: 천 년을 견디는 한국의 전통 종이

한지는 한국의 전통 종이로, 닥나무 껍질을 삶고 두드려 풀어 만든 뒤 말리는 방식으로 만들어져요. 질기고 공기가 잘 통해, 글씨를 써도 번지지 않고 오랫동안 보관해도 잘 썩지 않는 성질이 있어요.

한지 위에 인쇄된 대표적인 유물은 바로 『훈민정음해례본』이에요. 세종대왕이 만든 한글의 원리와 사용 방법을 담은 이 책은 1446년, 목판으로 찍어 한지에 인쇄되었고, 사침안정법이라는 전통 제본 방식으로 만들어졌어요.

한지의 뛰어난 내구성 덕분에 580년 가까이 지난 지금도 원본이 보존되고 있답니다.

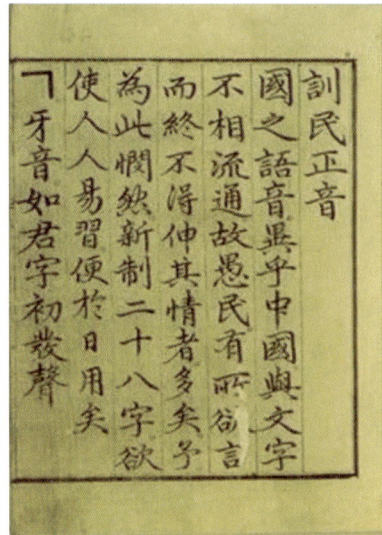
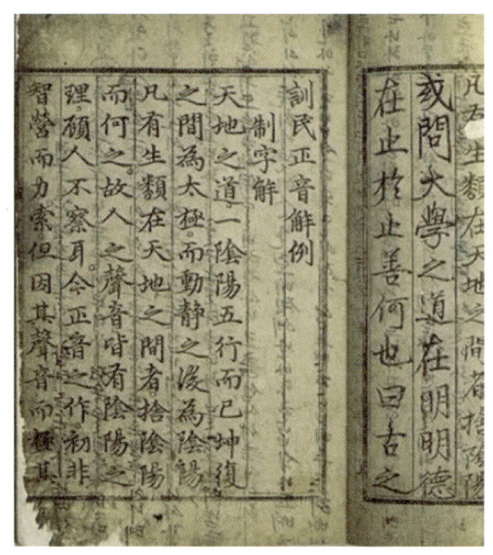

두 종이, 무엇이 다를까요?

이집트의 파피루스도, 한국의 한지도 모두 자연 속 재료로 만든 지혜로운 발명품이에요. 그리고 그 위에 남겨진 기록은 그 시대 사람들의 생각, 문화, 믿음을 지금 우리에게까지 전해 주고 있어요. 기록은 종이를 넘어, 마음과 시간을 이어 주는 다리랍니다.

여러분은 어떤 방식으로, 무엇을 기록하고 싶나요?

8장 전통과 현재, 무엇이 같고 다를까요?

문화의 지속과 변화

중심 개념
전통 (Tradition)

관련 개념
재해석 (Re-interpretation)
혁신 (Innovation)

사고 개념
변화(Change)
관점(Perspective)

연계 교과

- 사회: 옛 풍습과 생활 문화가 오늘날 생활과 어떻게 이어지는지 탐구하기
  - 교통과 통신의 변화가 생활 방식을 바꾼 원인 이해하기
- 음악: 사물놀이·판소리 같은 전통 음악이 퓨전 음악이나 K-POP 무대에서 새롭게 변형되는 모습 배우기
- 미술: 민화와 전통 미술 속 상징을 관찰하고 이를 캐릭터·디자인·웹툰 등으로 재해석하여 표현하기

탐구 질문

❖ 전통문화는 시간이 지나면서 어떻게 새로운 모습으로 바뀌었을까요?

❖ 우리는 전통을 어떻게 지키고, 지금의 삶에 맞게 다시 표현할 수 있을까요?

교과서 속

연결 이야기

전통과 현재를 배우는 것은 단순히 옛 문화를 아는 것이 아니라, 그것이 어떻게 변하고 새롭게 해석되며 오늘의 삶 속에 살아 있는지를 이해하는 일이에요.

사회 시간에는 옛 풍습과 생활 문화가 어떻게 오늘날의 생활과 이어져 있는지를 배우고, 교통과 통신의 변화가 생활 방식의 변화를 어떻게 이끌었는지를 탐구해요. 또한, 지역마다 남아 있는 전통이 오늘날 지역 축제와 생활문화로 어떻게 이어지는지도 살펴보지요.

음악 시간에는 사물놀이와 판소리 같은 국악이 오늘날 퓨전 음악과 K-POP 무대에서 새롭게 변형되는 모습을 살펴보며, 전통이 현대적 창조와 만나는 힘을 배웁니다. 더불어 노래와 연주 속에 담긴 전통적 장단과 가락을 직접 체험하며 음악적 뿌리를 이해해요.

미술 시간에는 민화와 전통 미술 속 상징을 관찰하고, 그것을 캐릭터·디자인·웹툰 같은 새로운 형식으로 표현하면서 전통이 현재의 문화와 어떻게 연결되는지를 체험하지요. 그리고 색과 문양이 가진 상징성을 현대 디자인 속에 녹여내며 전통의 가치를 새롭게 느낄 수 있어요.

그래서 전통과 현재를 배우는 것은 과거의 문화와 예술을 존중하는 동시에, 그것을 새롭게 해석하고 창조해 나가며 미래로 이어갈 역량을 쌓는 길이에요.

문명 이야기

전통은 박물관에만 있는 것일까요?

여러분은 혹시 한복, 사물놀이, 민화 같은 것을 본 적 있나요? 이것들은 모두 오랜 옛날부터 전해져 내려온 우리나라의 전통문화예요.

혹시 길에서 한복을 입은 사람을 본 적이 있나요? 전통 한복을 입고 다니는 사람은 잘 볼 수 없지만, 오늘날 한복은 다양한 모습으로 우리 곁에 남아 있어요.

　예를 들어, 한복은 예전처럼 전통적인 치마 저고리만 있는 것이 아니라 짧은 재킷 스타일, 청바지와 함께 입는 한복, 스포츠 유니폼처럼 재해석된 한복도 있어요.

　전통은 시대에 따라 새로운 모습으로 변해 가는 중이에요.

전통이 새롭게 태어나다

　미술 시간에 그려 보았던 민화도 요즘에는 캐릭터 디자인이나 현대 미술 작품 속에 등장하기도 해요.

　까치와 호랑이, 복주머니, 해와 달 같은 그림들이 티셔츠, 스마트폰 케이스, 포스터에도 쓰이고 있지요.

음악에서도 마찬가지예요. 사물놀이와 판소리 같은 전통음악이 전자음악이나 힙합과 만나 새로운 장르로 재탄생하기도 해요.

전통을 바라보는 새로운 관점

예전에는 '전통은 옛날 것'이라고만 생각했지만, 지금은 많은 예술가가 전통을 '현재를 더 멋지게 만드는 재료'라고 생각해요. 바로 이것이 관점의 차이예요.

전통은 단순히 옛것을 그대로 지키는 것이 아니라, 새로운 눈으로 보고, 지금 우리 삶에 맞게 바꾸어 가는 것이에요. 이걸 우리는 '재해석' 또는 '혁신'이라고도 해요.

드럼캣 공연 모습

> **예**
> - 전통 한복 → 생활 한복, 케이팝 한복 무대의상
> - 사물놀이 → 퓨전 국악 밴드 공연
> - 민화 → 웹툰, 캐릭터 상품
> - 탈춤 → 창작 뮤지컬, 애니메이션 캐릭터

　이런 변화는 예술과 전통이 만나 새로운 문화로 발전하는 모습이에요. 과거를 바탕으로 미래를 만들어 가는 것, 그게 바로 '지속과 변화'가 함께하는 문화의 힘이에요.

❖ 탐색 질문
- 여러분은 어떤 전통문화를 현대적으로 바꿔 보고 싶나요?
- 전통과 현재를 연결하는 데 필요한 것은 무엇일까요?
- '변하는 전통'은 진짜 전통일까요?

개념 확장

사물놀이와 탈춤
- 전통 속 살아 있는 소리와 몸짓

사물놀이는 어떻게 만들어졌을까?

사물놀이는 꽹과리, 장구, 북, 징 — 이렇게 네 가지 타악기로 이루어진 우리나라의 대표적인 전통 연주예요. '사물(四物)'이란 말은 네 가지 악기를 뜻하고, '놀이'는 단순한 연주가 아니라 신명 나게 함께 즐긴다는 뜻이에요.

사물놀이는 원래 농악에서 나왔어요. 농악은 농사짓는 마을 사람들이 풍년을 기원하거나, 마을 축제를 열 때 연주하던 놀이와 음악이었어요. 그래서 야외에서 연주하며, 악기 소리뿐 아니라 춤과 구호, 동작까지 어우러졌지요.

그러다가 1978년, 김덕수, 이광수 같은 전통 연희자들이 농악의 타악기 연주를 무대 공연으로 새롭게 구성하면서 오늘날의 사물놀이가 시작되었어요. 예전에는 마당에서 춤과 함께 즐기던 농악이 이제는 무대 위에서 감상하는 공연으로 바뀌었답니다

사물놀이는 각 악기가 하늘(꽹과리), 땅(북), 인간(장구), 물(징)을 상징한다는 점도 흥미로워요. 각기 다른 소리를 가진 악기들이 서로 주고받으며 소리로 대화하고, 신명을 나누는 음악인 셈이지요.

요즘에는 드럼이나 일렉 기타와 함께 연주되기도 하고, K-POP 무대, 세계 음악 축제, 올림픽 개막식에서도 등장해 세계인이 함께 즐기는 '한국의 소리'로 발전하고 있어요.

탈춤은 무엇을 말하려고 했을까?

탈춤은 탈을 쓰고 춤추며 이야기하는 전통 공연 예술이에요. 단순히 춤만 추는 게 아니라, 말(대사), 노래, 연기, 몸짓이 함께 어우러져 있어요. 그래서 '한국의 종합 예술극'이라고도 불러요.

탈춤의 기원은 매우 오래되었어요. 신라와 고려 시대에는 재앙을 막고 귀신을 쫓기 위해 종교의식처럼 탈춤을 추기도 했어요. 이후 조선 시대에는 점점 웃음과 풍자를 담은 민속극으로 바뀌었지요.

탈춤은 주로 양반, 스님, 할미, 머슴, 각시 등 당시 사회에서 흔히 볼 수 있었던 사람들의 모습을 바탕으로 캐릭터를 만들었어요. 그리고 이들을 통해 불평등한 세상을 비판하거나, 서민의 답답한 마음을 해소하는 내용이 많았어요.

예를 들어,

- 양반이 허세를 부리다가 망신을 당하고,
- 스님이 몰래 여자를 좋아해 욕심을 부리다가 혼나고,
- 할미가 외로움을 노래하다가 눈물을 흘리는 장면도 있어요.

이런 장면들은 관객들이 배꼽 잡고 웃으면서도, '맞아, 그런 건 잘못된 거야!' 하고 속 시원하게 느끼도록 만들었어요.

재미있는 점은, 탈춤 공연에서는 관객이 그냥 보기만 하지 않고 때로

는 무대로 들어와 함께 춤추고, 배우들과 직접 말을 주고받기도 했다는 점이에요. 요즘으로 치면 관객과 배우가 함께 만드는 즉석 공연, 거리 공연 같은 거죠!

오늘날에는 탈춤 뮤지컬, 창작극, 애니메이션 캐릭터, 놀이 체험 활동으로도 재탄생하고 있어요.

==유네스코 세계무형유산에도 등재된 우리의 자랑스러운 문화유산==이랍니다.

확장 활동 1

사물놀이 리듬 + EDM 비트 만들기

❖ **활동 목표**

사물놀이의 전통 리듬을 배우고, 여러분만의 감각으로 전자음악(EDM) 리듬과 섞어 새로운 '퓨전 비트'를 만들어 본다.

❖ **활동 방법**

1. 기초 리듬 들어 보기

- 꽹과리, 장구, 북, 징의 소리를 하나씩 들어 봐요.

- 기본 장단(덩-기-덕-쿵-덕)을 따라 쳐 보아요.

2. EDM 비트 탐색하기

- 킥(둥), 스네어(탁), 하이햇(칙칙) 소리를 구분해 들어 봐요.
- 원하는 템포(빠르기)를 정해요.

3. 리듬 조합해 보기

사물놀이 장단을 리듬 패턴으로 바꾸고, EDM 비트와 어떻게 섞을지 계획해요.

(예 "덩-기-덕" → 킥-킥-스네어)

4. 자유 작곡 & 녹음 (음악 앱 사용 또는 손뼉과 입으로 표현해도 좋아요!)

- 녹음한 퓨전 리듬을 제목과 함께 발표해요!
- 제목 예 〈징글징글 EDM〉, 〈장구 ON THE BEAT〉

5. 추천 앱

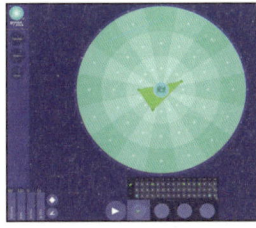
〈Groove Pizza〉

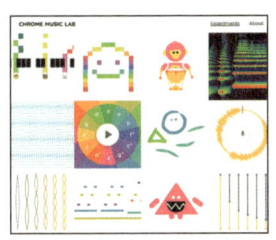
〈Chrome Music Lab〉

〈Soundtrap〉

확장 활동 2

민화 캐릭터로 웹툰 만들기

❖ **활동 목표**

전통 민화 속 등장인물을 웹툰 속 캐릭터로 바꾸어 요즘 이야기 속 주인공으로 표현해 본다.

❖ **활동 방법**

1. 전통 민화 관찰하기

- 호랑이와 까치, 복주머니, 학, 해와 달 등 민화에 자주 나오는 그림을 관찰해요.
- 각각 어떤 의미를 담고 있는지 알아보아요.

2. 캐릭터 재해석하기

- 예 까치는 소문 퍼뜨리는 SNS 기자, 호랑이는 겉은 무섭지만 속은 여린 선생님 캐릭터 등

3. 웹툰 구성하기

- 배경: 오늘날 학교, 마을, 지구 반대편 등 자유롭게 설정
- 등장인물: 민화 캐릭터 + 여러분만의 캐릭터
- 이야기 예시: "복주머니를 잃어버린 까치의 하루", "호랑이와 태블릿 소동!"

4. 웹툰 스케치 또는 디지털 제작(3~4컷)

- 손으로 그려도 좋고, 태블릿이나 미술 앱을 써도 좋아요.
- 마지막 컷엔 "전통이 나와 만났어요!"라는 마무리 대사도 넣어 보세요.

❖ **웹툰 스토리보드 양식**(예시)

#컷1
캐릭터 소개 및 상황 시작

#컷2
문제가 생기거나 목표가 등장

#컷3
해결 과정 또는 반전

#컷4
마무리+"전통이 나와 만났어요!"

❖ **프로젝트 발표 & 나누기**

- 내가 만든 퓨전 리듬이나 웹툰을 친구들과 나누고, 전통이 어떻게 재해석되고 살아났는지 함께 이야기해 보아요.
- "전통은 살아 있는 문화예요!"라는 마무리 문장을 함께 완성해 보세요.

미술 이야기

전통과 소망이 담긴 그림, 민화

민화란 무엇일까요?

'민화(民畵)'는 특별한 화가가 아닌 일반 백성들이 그린 우리 옛 그림이에요. 궁궐에 걸려 있던 고급 그림과 달리, 민화는 부엌이나 대문 옆, 방 벽에 붙여 두고 복을 기원하거나 병을 물리치기 위해 그렸지요. 호랑이와 까치, 꽃과 새, 책과 먹 등 다양한 소재를 자유롭게 그려, 자신만의 소망과 상상력을 표현한 그림이 바로 민화예요.

유명한 민화

1. 까치 호랑이: 까치는 복을 가져오는 새, 호랑이는 악귀를 쫓는 동물로 믿었어요. 하지만 민화 속 호랑이는 무섭기보다는 어딘가 어설프고 귀여운 모습이에요.
2. 책거리(책가도): 책, 붓, 먹, 꽃 등이 선반처럼 그려진 그림으로, 배움

과 지혜를 상징해요. 3D처럼 입체적으로 보이게 그려진 것도 있어요.

3. 십장생도: 해, 산, 물, 소나무, 학, 사슴 등 오래 사는 존재 10가지를 그려서 건강과 장수를 기원했어요.

민화가 특별한 이유

민화는 정해진 규칙이 없고, 자유롭게 그릴 수 있어요. 호랑이는 작게, 까치는 크고, 꽃은 온통 무지갯빛일 수도 있어요. 이런 자유로운 표현 덕분에 지금도 민화는 다양한 디자인으로 다시 태어나고 있어요. 에코백, 폰케이스, 웹툰 캐릭터에도 활용되며 전통과 현대를 이어 주는 문화예술로 사랑받고 있답니다.

9장 시간 여행을 떠나요!

탐구와 표현

중심 개념
시간 여행 (Time Travel)

관련 개념
창작(Creation)
상상력(Imagination)

사고 개념
연결(Connection)
변화(Change)

연계 교과

- 국어: 일기·편지·상상 이야기로 경험과 상상을 글과 말로 표현하기·뉴스 기사와 매체 자료를 비판적으로 읽고 나만의 자료 제작·공유하기
- 창의적 체험: 프로젝트 주제를 정해 탐구하기·친구들과 협력해 공연·전시 같은 결과물로 표현하기

탐구 질문

❖ 내가 가장 가고 싶은 시간은 언제이며, 왜일까요?

❖ 과거·현재·미래를 연결하는 나만의 이야기를 어떻게 만들 수 있을까요?

교과서 속  연결 이야기

시간 여행 이야기를 만드는 것은 상상 속 모험을 떠나는 동시에, 지금까지 배운 글쓰기와 표현 활동을 종합하는 과정이에요.

국어 시간에는 일기, 편지, 상상 이야기, 설명문을 쓰고 발표하면서 경험과 상상을 글과 말로 표현하는 방법을 배우고, 또 뉴스 기사나 매체 자료를 찾아보고 비판적으로 읽으며 나만의 영상이나 글 자료를 제작·공유하는 연습도 합니다. 여기에 더해 작품의 줄거리와 인물의 성격을 구조적으로 정리하는 방법을 익히며 상상 이야기를 더욱 풍성하게 만들 수 있어요.

창의적 체험 시간에는 동아리 활동이나 프로젝트 기획을 통해 스스로 탐구 주제를 정하고, 친구들과 협력하여 공연·전시 같은 결과물을 만들어 내는 경험을 하지요. 여기에 더해 협동 과정에서 역할을 나누고 다른 의견을 조율하는 훈련을 통해 함께 성취하는 기쁨을 배우게 돼요.

이번 장은 바로 이 배움들을 모아, 책 속에서 탐구한 시간과 공간의 이야기를 나만의 글, 그림, 목소리로 표현하는 마무리 프로젝트가 되는 거예요.

그래서 시간 여행 이야기를 만드는 것은 단순한 활동이 아니라, 국어와 창의적 체험활동에서 배운 탐구와 표현을 하나로 연결해 자기만의 새로운 세계를 창조하게 하는 경험이에요.

책장을 덮은 민지

"엄마, 다 읽었어요."

민지가 조심스럽게 책장을 덮으며 말했어요.

책을 다 읽고 나니 『시간과 공간 속의 우리』라는 제목처럼, 정말 긴 여행을 한 기분이 들었어요.

"달력 이야기 기억나? 장보고 장군이 바다를 건너던 그 밤."

엄마의 질문에 민지는 신이 나서 대답했어요.

"그리고 조선 시대 소년 준호가 철릭을 입고 새벽에 공부하던 장면도요!"

민지의 머릿속에는 그동안 책 속에서 만난 이야기들이 하나둘 떠올랐어요.

지도 속에서 동네를 살펴보고, 골목의 변화도 알아봤지요.

가족이 어디에서 왔는지도 탐구하고, 『사자의 서』와 훈민정음 해례본 이야기까지— 모두 어제 일처럼 생생했어요.

시간 여행 가방을 챙겨요

"엄마, 만약 내가 과거로 여행을 간다면 어디로 갈까요?"

"음, 네가 가장 인상 깊었던 곳은 어디였어?"

"저는요, 피라미드 속 비밀 통로도 가보고 싶고요. 조선 시대 골목에서 장독대 옆으로 걷고 싶어요."

민지는 고민하다가 결심했어요.

"그래! 내 이야기 속 시간 여행을 떠나야지!"

그날 저녁, 민지는 자기만의 시간 여행 일기를 쓰기 시작했어요.

"2124년 미래 서울, 나는 드론 기차를 타고 하늘로 달렸어요. 그곳에는 민화 호랑이가 안내 로봇이 되어 있었어요."

민지는 크레파스를 꺼내 한복을 입은 친구와 우주복을 입은 미래 로봇이 함께 앉은 장면을 그렸어요.

미래의 나에게

일기를 다 쓴 후 민지는 서랍에서 편지지를 한 장 꺼냈어요.

"미래의 나에게. 지금 나는 시간과 공간을 공부하며 세상을 더 깊이 이해하고 있어. 앞으로도 세상을 향한 호기심을 간직한 채, 나만의 이야기를 써 내려가길 바란다."

엄마는 미소를 지으며 말씀하셨어요.

"시간은 흐르지만, 네가 남긴 이야기는 오래 남는단다."

민지는 책상 위에 놓인 일기장과 편지를 바라보며 속으로 말했어요.

"나는 이 책의 마지막 장을 닫았지만, 내 시간 여행은 지금부터 시작이야."

이야기의 끝은, 나만의 이야기를 시작하는 순간입니다.

이제 여러분이 이 책의 새로운 페이지를 써 내려갈 차례예요.

기억과 탐구는 영원히 이어지니까요!

나만의 시간 여행 만들기

1. 《시간 여행 노트》 쓰기

준비물

노트나 종이, 색연필, 펜

1. 어디로 시간 여행을 떠나고 싶은가요?
   - 과거: 고대 이집트, 조선 시대, 할머니의 어린 시절 등
   - 미래: 2124년의 학교, 우주 기차가 다니는 도시 등

2. 누구와 함께 가고 싶은가요?
   - 친구, 가족, 책 속 주인공, 상상 속 동물 등

3. 그곳에서 어떤 사건을 겪나요?

- 미션: 시간을 구하는 열쇠 찾기, 역사 속 인물 인터뷰하기, 미래 발명품 체험하기 등

4. 시간 여행에서 돌아와 느낀 점은 무엇인가요?

✓ 자신만의 이야기로 정리하고 그림도 한 장 그려 보세요!

2. 《시간 여행 방송국》 프로젝트

준비물
스크립트 종이, 휴대폰 카메라 또는 연기할 준비!

1. 자신이 쓴 시간 여행 이야기를 뉴스처럼 발표해 보세요.

    (예 "안녕하세요! 저는 3024년 서울에서 생방송 중입니다. 지금 여기선 모두가 하늘로 날아다닙니다!")

2. 역할극처럼 친구들과 나누어 연기해도 좋아요.

    기자, 시간 여행자, 역사 속 인물, 로봇 안내자 등 역할을 정하고, 교실을 시간 여행 무대로 꾸며 봐요.

3. 영상으로 촬영해 반 전체 상영회를 열어도 재미있어요.

    (선생님께 편지나 발표 영상을 보내도 멋져요!)

시간 여행 이야기
상상 속 문이 열리면

책이나 영화를 보면
시간 여행을 소재로 한
재미있는 이야기가 많이 있어요.
그중 몇 가지 이야기를
소개할게요.

『시간을 파는 상점』
- 김선영

❖ 등장인물: 고등학생 백온조

❖ 장르: 현실+판타지가 섞인 청소년 소설

온조는 부모님의 이혼과 갑작스러운 아빠의 실직으로, 방황하던 중 인터넷에 '시간을 파는 상점'이라는 가상의 가게를 열어요.

"5분만 더 있었더라면…" 하고 아쉬움을 가진 사람들을 위해, '그 시간을 다시 살 수 있도록 도와주는 것'이 이 가게의 목표예요.

의뢰인들을 만날수록 온조는 다른 사람들의 상처, 후회, 소중했던 순간들을 마주하게 되지요. 누군가는 친구와 화해하고 싶어 하고, 누군가는 마지막 인사를 못 한 가족을 그리워해요. 하지만 온조는 점점 깨달아요.

'시간을 되돌리는 건 불가능해도, 지금 이 순간을 다르게 살 수 있어.'
시간을 파는 가게는 결국, 온조가 삶을 다시 사랑하게 되는 비밀 통로가 되지요.

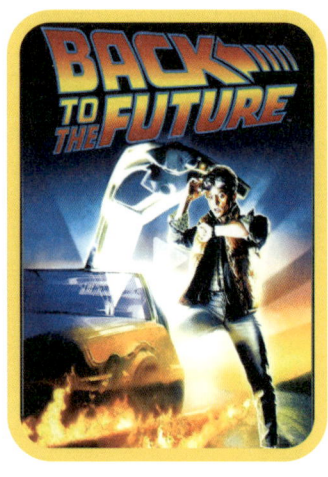

『Back to the Future (백 투 더 퓨처)』

- 감독 로버트 저메키스

❖ 등장인물: 고등학생 마티 맥플라이, 괴짜 발명가 닥 브라운

❖ 장르: 코미디+SF 모험 영화

마티는 어느 날 친구인 닥 박사가 만든 타임머신 자동차(델로리언)를 타게 돼요. 그런데 갑자기 1985년에서 1955년으로 떨어지고 말죠! 거기서 놀라운 장면을 보게 돼요. 자신의 엄마가 마티에게 반하게 된 것! 이러다가는 자기 아빠와 엄마가 만나지 못해서, 자신이 미래에 태어나지 못하게 될 수도 있어요! 그래서 마티는 자신의 존재를 지키기 위해 부모님의 사랑을 응원하고, 미래로 돌아갈 방법을 찾아야 하죠.

영화 속에는 번개, 고속 질주, 시간표 계산 등 손에 땀을 쥐게 하는 장면들이 가득해요. 하지만 결국 이 영화는 우리에게 말해요. "시간은 소중해. 그리고 모든 만남과 사건에는 이유가 있어."

『도라에몽』
- 후지코 F. 후지오

❖ 등장인물: 도라에몽, 노비타, 시즈카, 자이언, 스네오

❖ 장르: SF+코미디 만화

미래에서 온 로봇 고양이 도라에몽은 노비타의 후손들이 보낸 비밀 도우미예요. 왜냐고요? 노비타가 자꾸 실패하고 혼나니까, 후손들이 힘든 삶을 살까 봐 걱정했거든요!

도라에몽은 4차원 주머니에서 시간 여행기, 어디로든 문, 통역 젤리 같은 신기한 도구들을 꺼내 줘요. 노비타는 이 도구들을 가지고 공룡이 살던 시대로 가거나, 먼 미래의 손주를 만나기도 해요.

가끔은 욕심을 부려서 문제를 일으키지만, 결국엔 도라에몽과 친구들이 협력하고 책임지는 법을 배우며 마무리된답니다.

이 만화는 웃음과 상상력을 주는 동시에, 우정, 가족, 도전의 가치를 알려 주는 소중한 이야기예요.

『마법의 시간여행 (Magic Tree House)』

– 메리 포프 어즈번

❖ 등장인물: 잭과 애니 남매

❖ 장르: 판타지+지식이 담긴 어린이 모험 동화

잭과 애니는 어느 날 마을 근처 나무 위에서 마법의 오두막을 발견해요. 그 오두막에는 마법이 걸려 있어서, 책을 펼치기만 하면 과거와 미래로 떠나는 시간 여행이 시작돼요!

공룡이 살던 시대, 미라가 숨겨진 고대 이집트, 해적선이 떠다니는 바다, 중세 성의 기사들, 셰익스피어가 연극을 쓰던 무대까지 – 잭과 애니는 책과 상상력, 그리고 용기를 가지고 온갖 시대를 탐험해요.

매번 모험 속에서 이들은 역사, 과학, 예술을 배우고, 서로 돕고 용기를 내는 법을 깨닫게 돼요.

책마다 새로운 지식과 흥미진진한 사건이 기다리고 있어서, 읽는 어린이들도 마치 시간 여행자가 된 것 같은 기분을 느끼게 되지요.

시리즈 25권 『셰익스피어와 한여름 밤의 꿈』에는 이런 문장이 나와요.

"온 세상이 무대다.
너희들의 인생이 기적이구나."

어쩌면, 우리도 매일매일 멋진 이야기를 써 내려 가는 주인공일지도 몰라요.

처음 시작하는 IB 수업
시간과 공간 속의 우리
(Where We Are in Place and Time)

1판 1쇄 발행
2025년 10월 30일

지은이 김선 | **발행처** 도서출판 혜화동
발행인 이상호 | **편집** 이희정
주소 경기도 고양시 일산동구 위시티3로 111
등록 2017년 8월 16일 (제2017-000158호)
전화 070-8728-7484 | **팩스** 031-624-5386
전자우편 hyehwadong79@naver.com

ISBN 979-11-90049-54-2 (74370)
ISBN 979-11-90049-52-8 (세트)

ⓒ 김선 2025
이 책은 저작권법에 따라 보호를 받는 저작물이므로 무단 전재와 무단 복제를 금지하며,
이 책의 전부 또는 일부를 이용하려면 반드시 저작권자와 도서출판 혜화동의 서면 동의를
받아야 합니다.

* 책값은 뒤표지에 있습니다.
* 잘못된 책은 바꾸어 드립니다.